백일 감사

백일만 하면 행복이 춤춘다

백일 감사 : 백일만 하면 행복이 춤춘다

2018년 12월 25일 초판 1쇄 발행
2024년 5월 21일 개정판 1쇄 발행

지은이 유영일

펴낸곳 올리브나무 출판등록 제2002-000042호
경기도 고양시 일산동구 정발산로 82번길 10, 705-101
전화 031-905-8469, 010-7755-2261
팩스 031-629-6983 E메일 olivetreebooks@naver.com
인스타그램: olive.tree.books

발행인 유영일 대표 이순임 기획이사 유지연

ISBN 979-11-91860-36-8 03190

값 16,000원

백일만 하면 행복이 춤춘다

백일 감사

유영일 지음

올리브나무

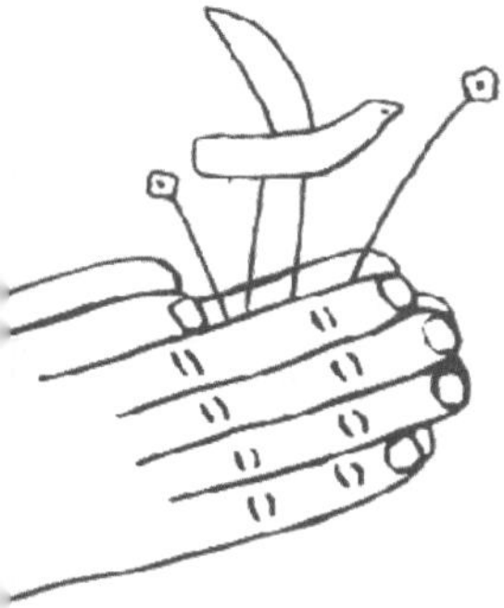

이 책은, 100일 동안 하루에 한 편의 에세이와 명언들을 읽고 음미하면서 그날의 감사거리를 세 가지씩 기록하도록 구성되어 있습니다. 오늘 나에게 일어나는 일들에 대한 수용성과 소화 능력이 커질수록 감사할 거리들이 많아지고, 감사가 늘어날수록 더욱 축복받는 삶을 구가하게 될 것입니다.

감사하는 마음은 삶에 대한 통찰을 통해 자기 존재의 지도를 더욱 차원 높게 그려가는 동력으로 쓰여질 수 있습니다. 이 책은 고난과 시련을 극복하는 예화들, 존재와 세계에 대한 경이감의 회복, 자기발견과 자기계발, 인간의 운명과 궁극의 행복에 대한 촉매성 이야기들로 꾸며져 있습니다.

순서에 따라 읽으셔도 되지만, 목차를 보고 그날에 끌리는 제목을 선정하여 읽으셔도 되고, 아무 페이지나 펼쳐들고 읽는 방식을 선택하셔도 될 것입니다. SNS를 통해 저마다 그날그날의 감사거리를 함께 나눈다면 '풍요를 불러오는 감사 에너지'가 더욱 더 증폭될 수 있습니다. 올리브나무 출판사의 이메일이나 전화를 통해서도 함께하시는 길을 안내받으실 수 있습니다.

시작에 앞서

동서고금을 막론하고 세상을 움직이는 명사들이나 멘토들은, 우리 인생의 가장 중요한 미덕 중의 하나로 "감사하는 마음"을 가리켜 보입니다. 왜 그럴까요? "감사하는 마음"을 품고 사는 것이 왜 그렇게도 중요할까요? 감사하는 마음으로 사는 사람에게는 기적 같은 일들이 벌어진다는 증언들은 차고도 남쳐납니다. '감사'는 우리 인생의 '보물창고를 여는 열쇠'로서, 늘 감사하는 마음으로 사는 사람에게는 축복의 문이 저절로 열리게 된다고 입을 모읍니다.

봄 햇살이 얼어붙은 땅을 녹여 만 가지 싹을 틔우고 자라게 하는 촉매가 되어주듯이, 감사하는 마음은 사람들의 마음과 마음에 봄바람을 일렁이게 하여 행복을 퍼뜨리고 축복의 문을 열어주는 '보이지 않는 천사들'이요 '기쁨의 전령사들'입니다.

살다보면 정말 피하고 싶은 사람들이 있게 마련이고, 경험하고 싶지 않은 힘든 일들이 적지 않습니다. 그렇지만 나중에 돌아보면, 그 모든 일들이 나에게 꼭 필요한 일들이고 통과해야 할 시험이었다는 것을 인정하게 되곤 합니다. 빵을 달라고 조르는 자녀에게 돌멩이를 줄 어버이가 어디 있겠습니까? (참조: 마태복음 7:9-10) 언뜻 돌멩이로 여겨지는 일조차도 하늘의 눈으로 볼 때는 그 사람의 영적 성장에 꼭 필요한 빵인 것이지요. 돌멩이로 두들겨 맞은 것처럼 아팠던 일들이, 기실은 자신에게 꼭 필요한 보약 같은 선물이었다는 깨우침이 뒤늦게 찾아와 그런 시련과 역경을 경험하게 된 것을 오히려 감사하게 됩니다. 그럴 때, 그 사람의 영혼은 성큼 더 자라게 되지요. 심한 병을 앓고 난 후에 맞이하는 아침햇살은 더욱 찬란하게 빛나고, 한 잔의 물조차 온갖 불순물을 씻어내는 기적의 생명수가 됩니다. 모든 시련과 역경은 조개가 진주를 만드는 과정에 다름 아닌 것이지요.

삶에 대한 이해가 깊어지고 넓어져서 주어진 것들과 사람들에 대한 수용성이 커질수록, 감사의 마음 또한 농익어 갑니다. "농익은 삶" 속에서는 감사가 저절로 스며 나오고 배어 나오고 우러나옵니다.

태양과 물과 대지와 바람이 서로 협력하여 온갖 과일로 하여금 단맛을 머금게 하듯이, 숙성된 삶은 풍성한 감사의 열매로 가까운 사람들과 신께 보답합니다.

어떻게 해야 감사가 삶의 구석구석에 스며들 수 있을까요?

언뜻 보기엔 감사할 만한 일이 아닌 것처럼 여겨져도 이모저모로 뜯어보고 음미해 보면 그 맛이 우러나와서, 지나쳐버렸을 일들과 사람들의 마음씀씀이에 감사하는 마음을 품게 되고, 그때부터는 삶이 축복으로 연금술적인 화학변화를 거듭하게 될 것입니다.

적어도 백일 동안이라도 하루에 몇 가지씩 감사할 일을 찾아내어 기록해 봅시다. 처음에는 두리번거리며 감사할 일을 찾아 헤맬지 몰라도, 나중에는 저절로 감사가 은밀히 자기 몸을 숨기고 있었던 곳에서 뛰쳐나와서 스스로 행복과 기쁨의 춤을 추게 될 것입니다.

삶을 음미하게 해줄 짧은 에세이들과, 감사에 관련된 명언들이 곳곳에 배치되어 있는 이 책을 통하여, 백일 동안의 감사가 남은 인생 내내 습관으로 자리잡고, 그래서 감사의 마음이 잉태해 줄 행복이 삶 구석구석에서 춤을 추게 되기를, 그리고 그 기운이 널리 널리 전파되기를 두 손 모아 기원합니다.

유영일

차 례

01

아침은 또 한 번의 천지창조

세상을 처음 만나는 기쁨과 설레임을
주체할 수 없다는 듯
태양은 아침마다 하늘을 물들이며
볼을 붉힙니다.

찬란한 빛의 파노라마를 침묵 속에서 지켜보노라면
저절로 옷깃을 여미게 하는 경건한 힘이
나와 온 세상을 떠받치고 있음을
몸과 마음으로 느낄 수 있습니다.

태양의 세 번째 별인 이 지구에서
나그네로 살고 있다는 것은
진정 경이가 아니고 무엇이겠습니까?
마음먹기에 따라서는 오늘 하루도
지상천국으로 만들 수 있습니다.
나에게 무슨 일이 닥치든

그것은 결국 사랑의 깊이와 넓이를 터득하게 하기 위한
배움의 장치이겠지요.
그러니 오늘 나에게 다가올 일들에 대해
미리 감사해도 괜찮습니다.
오늘 나와 눈을 마주칠 여러 분들에게
미리 보이지 않는 미소를 보내십시오.

신이 나에게 주신 이 몸은 완전합니다.
세포 하나하나는 신으로부터 부여받은
심오한 지성의 지휘를 받아
어김없이 자기 역할과 기능을 다해줄 것입니다.

나는 해야 할 일을 서두르지 않고,
그러면서도 능률적으로 해낼 것이며,
내 일과 관련된 모든 이들에게 작은 기쁨이라도
선사할 것입니다.

가는 곳곳마다
비난보다는 격려와 칭찬의 말로 응원을 보내주고
기운을 보태주는 사람이 될 것입니다.
건강한 미소로 이 지구가 얼마나 멋진 삶의 무대인지
은근슬쩍 전파할 것입니다.

새벽이 동터 오는 모습을 바라보노라면, 빛이 어둠을 어떻게 설득해 몰아내는지 알게 된다. 처음에는 빛이 손가락을 펼치고 지평선에 나타난다. 그러고는 능숙한 솜씨로 세상으로부터 서서히 어둠의 장막을 걷어낸다. 그대 앞에 새로운 새벽, 곧 새로운 날의 신비가 펼쳐진다.

—존 오도나휴, 『영혼의 동반자』

오늘 나의 하루는 이렇게 감사로 물들었습니다.

■

■

■

02

당신이라는 존재의 기적

우주비행사들은 푸른 공 같은 지구를 바라보면서 존재의 화학변화를 경험하게 된다고 합니다. 우리 모두가 얼마나 작은 존재인지를 뼛속까지 실감하면서, 그와 동시에 신성한 무엇인가를 온 마음으로 느낀다는 것입니다.

아폴로 15호를 타고 달나라에 착륙하여 달 표면을 탐사했던 제임스 어윈은 강연 때마다 특수 제작한 구슬을 가지고 다니며 청중들에게 보여주었다고 합니다.

"달에서는 이런저런 일들로 임무를 완수하느라 한가할 겨를이 없었습니다. 하지만 꽉 짜인 스케줄 틈틈이 지구를 올려다보는 일만은 빠뜨리지 않았습니다. 우주복을 입은 채로 지구를 올려다본다는 것은 그리 쉬운 일이 아니죠. 무언가에 걸려 넘어지지 않도록 균형을 유지하려고 애쓰면서 될 수 있는 대로 몸을 뒤로 젖히고 위를 올려다보면, 지구가 요만한 크기로 보입니다."

청색과 백색 무늬가 새겨진 구슬을 들어올리며 어윈은 계속합니다.

"이런 것이 암흑의 하늘 한가운데에 떠 있는 것입니다. 그것은 따뜻함을 지닌, 살아 있는 물체처럼 느껴집니다. 하지만 동시에 이루 말할 수 없이 나약하고, 덧없고, 부서지기 쉬운 것처럼 보이기도 하지요. 공기가 없는 탓인지, 달과 지구까지의 거리에도 불구하고 손을 뻗으면 바로 닿을 것처럼 가깝게 느껴집니다. 손끝을 살짝 대면 부서져서 조각조각 파편이 되어 버리지는 않을까 싶을 만큼 연약해 보입니다.

지구를 떠난 이후 처음으로 지구를 구체적인 대상으로 바라보게 되었을 때, 그것은 농구공만한 크기였습니다. 그러던 것이 거리가 점점 멀어지면서 야구공만해지고, 골프공만해지더니, 달에서는 결국 이런 구슬만한 크기가 되었습니다. 처음에는 그 아름다움과 생명력에 넋을 잃곤 했지만, 나중에는 여리고 나약한 존재라는 생각이 들었습니다. 암흑 천지에 자리잡은 작고 푸른 보석, 그것이 지구였습니다."

달 표면 위를 걸으면서, 그는 광대무변한 우주 공간에 자신이 얼마나 작은 점 하나로 존재하는지를 뼛속까지 실감했습니다. 하지만 그가 경험한 것은 고독과 외로움의 절정만이 아니었습니다. 지구에서는 결코 맛볼 수 없는 거대한 침묵 속에서, 그는 자신의 존재를 떠받쳐주는 신성한 손길을 느끼기 시작했습니다. 우주를 떠받쳐주는 신성한 손길을 느끼며, 그는 지구에 있을 때보다 오히려 더 힘차게 삶을 긍정할 수 있었습니다. 지구에서는 신성한 존재를 기도의 대상으로 삼았을 뿐이어서, 언제나 거리감이 있었습니다. 신성한 존재는 언제나 나와 별개의 대상이었고, 실감할 수가 없었습니다. 하지만 우주에서는 "그가 바로 여기에 나와 함께 있다"는 것을 어떠한 지적인 헤아림을 거치지 않고도 온몸으로 실감할 수 있었지요.

"그 신성한 존재는 어디를 가든 바로 내 옆에 계셨습니다. 그분이 나와 함께 계신다는 것을 어디에서나 절감할 수 있었습니다. 예기치 않은 사태를 만나 그분께 질문을 던지면 즉각 응답을 해오곤 했습니다. 그 과정은 한 순간도 걸리지 않았습니다. 질문을 던지자마자 동시에 해답이 떠올랐고, 그것은 바로 신성한 존재의 계시였습니다. 저절로 그분의 응답이라는 것을 확신할 수 있었습니다."

반드시 우주 공간으로 떠나야만 이 지구상에서의 시끄러움과 복잡함을 떠날 수 있는 것은 아닐 것입니다. 지구는 한시도 쉬지 않고 초속 29.8km의 속도로 태양 주위를 돌고, 초속 463m의 속도로 스스로 뺑뺑이를 돌고 있습니다. 상상만 해도 어지러운 속도로 돌고 도는 지구 위에서 사람들과 동식물들이 태평스레 살 수 있는 것은 우리를 아래로 아래로 끌어당겨 주는 중력 덕분이겠지요. 산이 산으로 자리잡고 있는 것도, 돌들이 굴러가지 않고 제 자리를 지키고 있는 것도 중력 덕분이겠지만, 인간의 정신은 그렇게 안정적으로만 머물러 있지 않습니다.

우리의 정신은 몸과는 달리 무게가 없고, 무게가 없는 정신은 위로 위로 날개 치고 올라가 몸을 지니고 살아가는 내 모습을 지켜볼 수 있습니다. '신비'를 지금 여기에서 숨쉬고 있다는 것을 자각하기만 하면, 중력은 더 이상 우리를 속박하지 않습니다. 우리를 제자리에 묶어둘 수 있는 것은 아무것도 없습니다. 그렇게 우리 자신과 우리를 둘러싸고 있는 것들을 신비의 눈으로 바라볼 때, 우리는 이 지구를 떠나지 않더라도 우주비행사가 될 수 있습니다.

누가 나의 피를 돌게 하고 맥박을 뛰게 하는가? 누가 숨을 쉬게 하는가? 누가 이 몸의 80조 개 세포를 살게 하고 움직이게 하는가? 경외의 시선으로 나 자신을 바라보면서 내 숨소리에 잠시만 귀 기울여 보아도, 우리는 이 우주를 움직이는 거대한 신비 속에 포함되어 있는 우리 자신을 발견할 수 있다. 별과 별을 어김없이 돌게 하는 그 신비, 아침이면 나팔꽃을 피우고 저녁이면 지게 하는 그 신비가 바로 우리 자신 안에서 숨쉬고 있는 것이다.

—파나슈 데사이, 『존재만으로 이미 충분한 당신』

오늘 나의 하루는 이렇게 감사로 물들었습니다.

■

■

■

03

장미 한 송이의 기적

장미는 예전에 피었던 장미나 더 아름다웠던 장미를 이야기하지 않습니다. 다른 집 창가에 핀 장미를 부러워하지도 않습니다. 장미는 장미입니다. 그 꽃잎들, 그 빛깔, 그 향기…. 더하고 뺄 것 없이 장미 자체로 이미 기적입니다.

우리 자신도 마찬가지입니다. 여러 이름과 직책과 역할을 갖고 살아가지만 그 가운데에는 변하지 않는 "그것"이 존재합니다. 내가 어떤 일을 하고 어떻게 평가를 받든 "그것"은 "그것"입니다. "그것"에는 내가 그 무엇도 더하거나 뺄 수가 없습니다. 겉모습은 달라져도 "그것"은 변하지 않습니다. 사실은 "그것"이 주인입니다. "그것"으로 하여금 내 몸과 마음의 주인 노릇을 하도록 다른 모든 이름들과 겉모습들은 자리를 비켜 주어야 합니다.

조르바는 지나가는 여자를 봐도 말을 멈추고는 큰일이라도 난 듯 이야기한다. "저 신비스러운 정체는 뭘까요? 여자란 무엇인가요? 왜 이렇게 궁금하게 만드는 걸까요? 말해 봐요, 나는 저 여자란 것의 정체를 묻고 있는 거요."

그는 묻고 또 물었다. 남자나 꽃이 핀 나무, 냉수 한 컵을 보면서도 똑같이 놀라워했고 물었다. 모든 사물을 매일 처음 보는 듯 대했다.

(…) 조르바는 산울타리 곁에 갓 핀 수선화 한 송이를 꺾어 한동안 들여다보았다. 봐도 봐도 부족하다는 듯이, 수선화를 생전 처음 보는 사람처럼 들여다보았다. 눈을 감고 냄새를 맡더니 한숨을 쉬고 꽃을 내게 건네주었다. "보스, 돌이나 비, 꽃이 하는 말을 알아듣는다면 얼마나 좋을까요? 우릴 부르고 있는데 우리가 듣지 못하는 걸지도 몰라요. 보스, 언제쯤이면 우리 귀가 열릴까요? 언제쯤이면 우리가 두 팔을 벌려 돌이나 비, 꽃, 사람들 같은 모든 만물을 안을 수 있을까요? 보스, 어떻게 생각해요?"

—카잔차키스, 『그리스인 조르바』

백일 감사 오늘 나의 하루는 이렇게 감사로 물들었습니다.

■

■

■

04

사랑의 소산

우리 모두는 있는 그대로 "신의 아들 딸"인데도 천연 그대로 벌거벗지 못하고, 이것저것 주렁주렁 매달곤 합니다. 우리 자신을 사랑한다는 명목으로, 내 존재를 더 살찌게 한다는 명분으로, 숱한 의무를 자기 자신에게 강요합니다. 이것도 해야 한다, 저것도 해야 한다고 스스로를 못살게 굴면서 존재의 집 여기저기를 살림살이들로 가득 채우려고 애씁니다.

어쩌다 빈 구석이 있어도 그냥 보아 넘기지 못하고 무엇인가로 채워야만 직성이 풀립니다. 우리가 갖고 있는 자격증과 증명서들이 우리 자신의 존재에 날개를 달아주기는커녕 오히려 무게를 더함으로써 우리를 가라앉게 하는데도 그것들을 마치 자유와 풍요의 증거인 양 착각합니다.

이 우주를 구성하는 질료인 사랑은, 우리 자신의 존재의 정수는, 증명서를 필요로 하지 않습니다. 이름표나 자격증을 필요로 하지 않습니다. 해와 달, 산과 강과 들꽃들이 이름을 불러 달라고 하는 소리를 들어보았습니까? 질서정연하게 하늘을 나는 기러기들이 자기들의 이름을 불러달라고 까욱까욱 노래를 부릅니까? 그런데도 모든 살아 있는 것들은, 스스로 빛나지 않습니까?

우리가 스스로를 무어라고 규정하고 얼마나 꽁꽁 문을 닫아걸든 우리들 각자는 폐쇄회로가 아닙니다. 밤하늘의 별들만큼이나 많은 수조 개의 숨구멍으로 산천초목과 우주를 들이쉬고 내뿜는 열림 자체입니다.

자연과 우주로 가는, 이 우주를 다스리는 섭리 자체와 하나가 되는 통로가 우리 안에 이미 존재합니다.

그 무엇을 얻으려고 애쓸 필요가 없습니다. 외부에서 그 무엇을 가져와서 더 얹어야만 우리의 존재가 빛나는 것이 결코 아닙니다. 우리는 이미 있는 그대로 충분합니다.

나 자신의 존재를 증명하거나 부자로 만들기 위해 무엇을 더 보태려는 순간, 나라는 존재의 그림은 이상한 덧칠로 본래의 빛을 가리게 됩니다.

우리 모두는 무엇이 채워져야만 완전해지는, 본래부터 불완전함을 안고 태어난 존재가 아닙니다. 우리 모두가 사랑을 먹고 태어난 사랑의 소산이고, 사랑은 스스로를 충족합니다. 어느 누구도, 어떤 존재도 사랑이 아니고서는 이 세상에 존재할 수 없습니다. 하늘을 가득 메우며 날아가는 철새들도, 아침에 피었다 저녁에 지는 나팔꽃도 사랑의 소산입니다. 바닷속을 오가는 물고기들도, 그들의 집이 되고 배경이 되어주는 산호도, 사랑의 소산입니다. 나도 그렇고, 당신도 그렇습니다.

잠시 숨을 고르고 쉬면서 주위를 둘러보면서 삶이라는 것을 더 깊이 음미하고 감사할 수 있다면, 삶의 여정은 훨씬 더 깊이가 있고 풍부한 색깔을 띠게 될 것이고, 그러면 우리는 삶의 모든 장면들을 세밀한 부분들까지도 모두 다 받아들이기 시작할 수 있습니다. 좋은 친구들을 만나 함께 하는 시간을 가질 수 있습니다. 우리 자신들과 훨씬 더 친해질 수 있고, 그러면 바로 지금 이 자리에서 우리를 진정으로 고무하는 것이 무엇인지를 알아보고, 진정한 행복을 발견할 수 있습니다. 특별한 결과를 기대하면서 거기에 목 매달지 않게 되는 것은 물론이고, 변화에, 흐름에, 인생의 굴곡에 더 열린 마음이 될 것입니다. 어떤 어려움이 닥치더라도 최선을 다하고 있음을 안다면, 노심초사할 필요가 없습니다. 우리는 충분히 운이 좋은 사람들이고, 인생의 굴곡까지를 포함하더라도, 삶이란 역시 좋은 것입니다.

—걀왕 드룩파, 『발밑에 꽃 핀 줄도 모르고』

백일 감사 오늘 나의 하루는 이렇게 감사로 물들었습니다.

■

■

■

05

지금 이 시간의 행복

흘러간 과거는 금세기 최고의 마술사라도 되돌릴 길이 없고, 천하장사라도 손댈 수 없습니다. 늘 지금부터가 문제입니다. 과거를 묻지 말고 지금부터 잘 사는 것이 중요합니다. 지금 이 시각부터 열린 미래시제 동안 내내 행복할 수 있는 비결의 첫 단추는, 지금 나에게 있는 것에 감사하는 것입니다.

없는 것에 대해 불평하지 않고 아무리 작은 것이라도 내가 지금 갖고 있고 누리고 있고 나누고 있는 것에 감사할 일입니다. 불평불만은 미래를 위한 씨앗이 될 수 없으니까요. 아무리 그럴듯해 보여도 무정란은 부화될 수 없듯이, 지금 나에게 없는 것에 대해서는 감정이나 느낌을 투자할 필요가 없습니다. 아무리 애지중지 품고 있어도 알이 까질 리 없기 때문입니다.

지금 내가 갖고 있고 누리고 있는 것이 무엇이든 아무리 작은 것에라도 감사의 마음을 품어 봅시다. 겨자씨 한 알이 무성한 나무가 되어 새들이 둥지를 틀고 깃들듯이, 감사의 마음은 아무리 작아도 미래를 위한 씨앗이 될 수 있습니다.

무심코 지나치는 푸른 하늘과 시원한 바람 한 줄기도 시한부 인생을 선고받은 투병인에게는 너무나 감사한 일이 됩니다. 숨을 쉬고 있다는 자체가 기적으로 느껴집니다.

나는 모든 사람이 자기의 '모든' 부분이 장엄하다는 걸 알았으면 좋겠어요. 당신의 에고도, 지성도, 몸도, 영혼도요. 그게 바로 당신이에요. 이 우주가 만든 아름다운 작품이지요. 당신의 모든 면이 완벽합니다. 버려야 할 것도, 용서해야 할 것도, 얻어야 할 것도 없습니다. 당신은 이미 당신이 될 필요가 있는 모든 것이에요. 복잡해 보일지 몰라도 사실은 그렇지 않답니다.
당신이 배워야 할 것은 단 하나, 당신은 이미 당신이 찾는 바로 그것이라는 겁니다. 당신만의 독특함을 두려움 없이 표현하기만 하면 됩니다. 맘껏이요! 그것이 바로 당신이 지금 이 모습으로 살고 있는 이유이고, 여기 이 물질 세상에 와 있는 이유입니다.

—아니타 무르자니, 『그리고 모든 것이 변했다』

백일 감사 오늘 나의 하루는 이렇게 감사로 물들었습니다.

■

■

■

06

삶은 기적의 연속상연

자기만 아는 닫힌 마음은 감사할 줄을 모릅니다. 작은 나를 떠나 너른 세계를 의식할수록 감사의 마음이 넓어지고 깊어집니다. 내가 먹는 한 끼의 식사조차 나 혼자서는 장만할 수 없습니다. 농부들의 땀과 수고뿐만이 아닙니다. 한 톨의 쌀이 밥상에 오르기까지는 수많은 사람들의 손을 거치지 않으면 안 됩니다. 사람들만이 아니지요. 햇빛과 비와 바람이 거들지 않으면 안 됩니다.

내 인생이 여기까지 오기까지 얼마나 많은 사람들과 동물들과 자연과 창조의 위대한 손길이 수고하고 함께 협력했을까요? 부모가 서로 만나지 않았더라면, 오늘의 나는 있을 수가 없습니다. 뿐인가요? 조상의 조상에게로 거슬러 올라가서 누군가 어느 한 분에게만 인연의 작용과 방향이 조금만 틀어져도, 오늘의 나는 있을 수 없습니다. 수백억분의 1, 수천억 분의 1 정도가 아닙니다. 아무리 많은 동그라미를 갖다붙여도 내가 오늘 이 자리에서 숨쉬고 있다는 기적의 확률에 대한 해답은 될 수 없습니다.

모년 모월 모일 모시에 모씨가 거기에 갈 생각을 내지 않았더라면, 비가 오지 않았더라면, 바람이 불지 않았더라면…, 나는 존재할 수 없었을 것이라는 가정법들이 어느 한 가지만 성립되었더라도 나는 오늘 이 자리에 살아 숨쉬고 있지 못했을 것을! 그러니 기적입니다. 산다는 것은 분명 기적입니다. 아니, 기적의 연속상연입니다.

> 이제껏 살아온 것이 기적이었다면,
> 삶은 언제까지나 기적이리라.
>
> —앤드류 슈바르츠

백일 감사 오늘 나의 하루는 이렇게 감사로 물들었습니다.

■

■

■

07

부정관의 생각, 유정관의 생각

부정적인 의미가 포함된 마음가짐이나 결심은 결실을 맺기가 어렵습니다. 예를 들어봅시다. “내일부터 담배를 끊겠다”는 결심은 언뜻 건전하고 생산적인 것 같지만, 거기에는 알맹이가 없지요. 담배를 끊는 것이 중요한 것이 아니라, 그럼으로써 더 건강하고 더 행복해지는 것이 중요합니다. 괴로워하면서 피우고 싶은 욕망을 참는 것은 아무 보탬이 안 됩니다. 그 스트레스의 크기는 담배를 피우면서 당하는 해로움보다 적진 않을 것입니다. “담배를 끊겠다”는 것은 씨나 알이 될 수 없습니다. 뭔가 다른 생산적인 씨나 알을 마음밭에 뿌려야 합니다. 담배를 피우지 않은 상태에서 더 건강하고 더 행복해하는 자신의 모습을 상상하는 것이 바람직한 씨나 알을 뿌리는 일입니다.

“난 엄마처럼 살지 않을 테야” 같은 마음가짐도, 언뜻 대단히 바람직한 결심 같아 보입니다. 하지만 거기에는 씨나 알이 될 만한 것이 들어 있지 않습니다. 이런 껍데기 발언에 놀아나서는 안 됩니다.

씨나 알의 으뜸가는 성질은 자기 자신을 정직하게 재생산하는 데에 있습니다. “엄마처럼 살지 않을 테야”가 아무런 가감 없이 재생산되려면 어떤 상태가 되어야 할까요? 어쩔 수 없이 엄마를 닮았다고 한탄하면서

"그렇게 살지 않겠다"고 다짐하고 또 다짐하는 상황을 그대로 반복하는 것입니다. 우주가 저 스스로 알아서 엄마의 불행을 반복하지 않도록 딸에게 특별히 배려해 주는 법은 없습니다.

"가난뱅이가 되지 않겠다"는 결심이 바람직하지 않은 것은, 빠지지 않으려고 저항할수록 더 깊이 빠져드는 모래수렁처럼, 가난뱅이가 되지 않으려고 저항하는 그 상태가 그대로 확대 재생산될 가능성이 농후하기 때문입니다. 우주의 섭리가 그 사람의 발언이 내포하는 함축적인 뜻을 알아서 해석해서 행운을 안겨주지는 않습니다.

우주는 그 사람의 마음이 뿌린 것들을 확대 재생산하는 일만을 추호의 어김도 없이 시행할 뿐입니다. 부익부 빈익빈 현상이 자꾸 심화되는 것도 이런 미묘한 심리적 덫에서 헤어나지 못하는 사람들이 절대 다수라는 방증입니다.

인간 세상의 모든 이로운 것들은, 한때는 생각의 알일 뿐이었습니다. 생각의 알이 자라서 오늘의 풍요로운 세상을 낳은 것이지만, 무정란이 자라서 그렇게 된 경우는 없습니다. 지금 당신이 품고 있는 생각의 알은 유정란인가요, 무정란인가요?

나에게 없는 것에 대해 불평하는 것은 아무런 열매도 거둘 수 없습니다. 작고 하찮은 것이라도 나에게 있는 것에 대해 감사하는 마음을 품어야 합니다.

'없는 것'에 대한 불평은 무정란과 같아서 새끼를 칠 수 없습니다.

있는 것에 감사하는 마음이 유정란입니다.

30배, 60배, 100배로 거둘 것입니다.

당신이 수용할 수 있는 기준은 얼마나 넓고 얼마나 깊고 얼마나 높은가? 그것이 바로 믿음이다. 당신은 받아들이지 않는 것을 삶 속에서 절대로 드러낼 수 없다. 당신은 스스로 받아들이는 것만을 보여줄 수 있다. 당신이 수용할 수 있는 것은 얼마나 넓은가? 그 수용의 폭은 당신의 의심보다 더 큰가? 그 수용의 한계는 무엇인가? 그것이 바로 당신이 아픈 이유이며 당신이 늙은 이유이다. 당신이 불행한 이유는 당신이 수용하는 것이 불행이기 때문은 아닌가? 당신은 스스로 수용할 수 있는 것보다 더 큰 어떤 것도 가질 수 없다.

—람타 · 제이지 나이트, 『람타 화이트북』

매일 감사 오늘 나의 하루는 이렇게 감사로 물들었습니다.

■

■

■

08

가뭄 끝에 단비가 내리면

며칠 굶은 사람은 한 조각의 빵도 아주 맛있게, 감사하면서 먹게 됩니다. 굶주린 사람은 비싼 빵을 찾지 않습니다. 배가 고파 위가 비어 있다면, 감각이 아주 예민해져서, 어떠한 빵이라도 아주 맛있게, 감사하면서 먹게 되지요.

가뭄 끝에 비가 내리면, 그 비는 단비가 되고
단비만 감사한 것이 아니라
비의 고마움을 알게 해준
가뭄마저도 감사하게 됩니다.

단식은 다이어트에만 유용한 것이 아닙니다. 단식을 하게 되면 위기에 몰린 세포들이 두 눈을 초롱초롱하게 뜨고 살아나고자 하는 의지를 발휘합니다. 쓸모없는 지방을 태워서 에너지로 사용함으로써 몸이 가벼워지고, 몸 안에 쌓인 독소들도 저절로 정리됩니다. 손상된 세포들도 되살아나서 면역력이 높아집니다. 긴 가뭄이 끝나고 단비가 내리면 작물들이 더욱 더 싱싱해지는 것과 마찬가지 이치입니다.

가끔씩 단식을 하는 것은 음식에 대한 고마움을 일깨워 줄 뿐 아니라

본원의 생명력을 회복시켜서 면역력을 키워 줍니다.

단식은 부정한 것을 청정하게 하는 것입니다. 말하는 것으로부터의 단식, 생각으로부터의 단식, 행위로부터의 단식, 그리고 음식으로부터의 단식, 성적 욕구로부터의 단식이 모두 포함됩니다.
단식하는 가운데 우리는 영혼이 우리의 몸에 구속되어 있지 않다는 사실을 확인하게 되며, 영혼이 우리들 몸의 무게와 짐으로부터 벗어나 훨훨 날아다닌다는 것을 알게 됩니다.

—오이예사 (수족 출신의 아메리카 인디언)

오늘 나의 하루는 이렇게 감사로 물들었습니다.

■

■

■

09

마지막에 가지고 갈 것

이 지구는 성품을 갈고 닦는 배움터입니다. 배움터에서는 실패가 있을 수 없습니다. 시행착오가 있을 뿐이지요. 빈손으로 와서 빈손으로 가는 인생이지만, 우리가 갈고 닦은 성품만은 가지고 갑니다.

우리가 마지막에 가지고 갈 수 있는 것이 성품뿐이라면, 우리의 성품은 우리가 세상에 올 때와는 많이 달라져 있어야 마땅합니다. 건반 위를 더듬거리며 실수를 거듭하던 초보자가 레슨을 통해 마침내 명곡을 매끄럽게 연주하듯이, 이 인생마당에서 갈고 닦은 기량을 자기 스스로 뿌듯하게 여길 수 있는 수준에 이르렀다면, 세상을 떠날 때가 되어도 후회가 없을 것입니다. 애초에 받아 가지고 태어난 달란트가 30배, 60배, 100배로 불린 상태가 되었는지, 지난날을 돌이켜보며 중간점검을 해보는 시간을 때때로 가져야 할 것입니다. 그래서 마침내 하늘 아버지를 만날 때가 되면, "아버지께서 주신 달란트를 이렇게 키웠습니다." 하고, 당당히 보여 드릴 수 있어야 하지 않을까요?

내가 받은 달란트의 씨앗을 틔우고 가꾸고 불리기 위해서는 '감사'로 내 마음을 옥토로 만들어야 합니다. 부정적인 생각과 말과 행동은 마음을 바위처럼 굳은 땅으로 만들게 되고, 그런 마음의 땅에서는 사랑과 풍요의 씨앗이 싹틀 수 없습니다.

오늘 우리가 의미 없이 보낸 하루는 어제 죽었던 사람이 그렇게도 보고 싶어 했던 '내일'입니다. 우리는 그런 오늘을 살고 있습니다.

나는 가치 있는 사람이다. 사랑받는 존재다. 귀한 사람이다. 나는 다른 이들을 배려한다. 오직 나 자신에게 좋은 것만을 선택한다. 오직 다른 이들에게 좋은 일만을 선택한다. 나는 스스로를 사랑한다. 다른 이들을 사랑한다. 나는 내 마음을 연다. 내 마음은 활짝 열려 있다.

—제임스 도티, 『닥터 도티의 삶을 바꾸는 마술 가게』

백일 감사 **오늘 나의 하루는 이렇게 감사로 물들었습니다.**

■

■

■

10

들을 귀

칭기즈칸이 역사상 가장 거대한 제국을 건설할 수 있었던 원동력은 어디에 있었을까요? 그의 탁월한 리더십을 두고 다각도의 조명이 이루어져 왔지만, 그는 스스로 이렇게 말합니다. “귀가 나를 가르쳤다.”

사람의 마음을 훔치기 위해서는 먼저 귀 기울여 들어야 합니다. 일방적으로 자기 말만 하는 사람은 리더가 될 수 있을지는 몰라도 수명이 길지 못합니다. 뛰어난 상담가들이 대부분 하는 일은 ‘그저 잠자코 들어주는 일’입니다. 누군가 다른 사람이 자기 자신에게 귀 기울이고 있다는 것만으로도 위안을 받고 치유를 경험하는 사람이 많습니다.

귀 기울여 들으면서 그 사람이 갖고 있는 좋은 점을 찾아서 짧게라도 몇 마디 일러주면, 그 사람은 가는 곳곳마다 사랑받는 사람이 될 것이 분명합니다.

『장자』에는 ‘음악 소리가 텅 빈 구멍에서 흘러나온다’는 글이 있습니다. 악기나 종의 소리는 그 속이 비어 있기 때문에 공명이 이루어져 우리

귀에 좋은 소리로 들리게 됩니다. 사람의 공명통은 마음입니다. 사람이 마음을 공허하게 지니면 참된 소리가 생겨난다는 뜻입니다. 텅 빈 마음을 가졌을 때, 비로소 우리는 상대방과 대화를 할 준비가 되는 법이지요. 그렇게 되면 대화 속에서 진실의 목소리를 듣게 됩니다.

—조신영 · 박현찬, 『경청』

아무리 타락한 시대라도 철썩이는 강물소리에 귀를 기울이는 사람은 헤어날 길 없는 절망에 빠지지 않을 것이다.

—헨리 데이비드 소로우, 『소로우의 강』

기도는 말하는 것인 동시에 듣는 것입니다. 우리 시대의 기도는 오직 말하는 행위로만 이루어져 있습니다. 그러나 고독과 고요함과 깊은 침묵 속에서 듣는 것 또한 기도입니다.

—오이예사, 『삶이란 바람소리일 뿐이다』

매일 감사 **오늘 나의 하루는 이렇게 감사로 물들었습니다.**

■

■

■

11

당신을 '빛'이라고 부르고 싶어요

풀잎은 퍽도 아름다운 이름을 가졌어요
우리가 '풀잎', '풀잎' 하고 자꾸 부르면
우리의 몸과 맘도 어느덧
푸른 풀잎처럼 돼버리거든요.

—박성룡, "풀잎" 중에서

시인이 암시하듯이, 우리가 사용하는 말은 우리의 겉거죽 의식으로는 생각하기 어려운 파워를 지니고 있습니다. 어찌 '풀잎'이라는 단어뿐이겠습니까. 우리가 '진리'라고 말하는 순간, '생명 사랑'이라고 말하는 순간, 우리의 뇌는 즉시 엔돌핀과 세로토닌을 분비하여 우리를 행복한 기분에 잠기게 합니다. 누군가가 밉다는 생각만 해도 우리의 뇌는 아드레날린을 분비하여 우리 자신의 생명력을 깎아먹습니다. 자기암시라든가 이미지 트레이닝은, 뇌를 길들임으로써 우리의 인생을 바꾸는 심리요법이라 할 수 있습니다. 이것은 베어드 T. 스폴딩이 『초인들의 삶과 가르침을 찾아서 (2)』에서 말한 대로, '수학공식'이나 마찬가지입니다. 그는 이렇게 말합니다.

"빛과 생명은 하나다. 빛과 생명을 생각하는 순간 몸의 진동이 상승한다. 이러한 사실을 수학공식으로 나타낼 수도 있다. 이 수학공식은 인간의 몸이 섭리의 법칙대로 작용한다는 사실을 입증한다. 이는 모든 사람에게 똑같이 적용되는 공식이다. 어느 누구도 그 작용을 멈추게 하거나 방해하지 못할 것이다."

나는 나 자신을 '빛'이라고 부르고 싶습니다. 누구를 만나든 그를 '빛'이라고 부르고 싶습니다. '빛', '빛', 하고 부르면 어느새 내 마음도 그의 마음도 '빛'에 물들게 될 테니까요. 천 년의 어둠도 빛을 만나면 한 순간에 빛으로 화해 버리듯이, 내가 '빛'이라고 말하는 그 순간, 어둠은 더 이상 설 자리가 없어져 버릴 테니까요.

> 사람들은 대부분 자신들 안에 깃들어 있는 신의 불꽃을 알아차리지 못한 채로 살아간다. 이런 무지로 인해 사람들은 빛의 불꽃을 노예 상태로 가두어둔 채 살아간다.
> —스티븐 휠러, 『이것이 영지주의다』

오늘 나의 하루는 이렇게 감사로 물들었습니다.

■

■

■

12

모든 역사는 '지금 이 순간에' 이루어진다

희망을 갖는 것은 물론 좋은 일입니다. 그러나 내일에 대한 희망이 오늘 이 시간의 행복을 저당 잡히도록 방치해서는 안 되겠지요. 더 나은 직장을 구하면, 수입이 더 나아지면, 좋은 집으로 이사 가면… 그때부터는 내 행복의 바퀴가 요란스럽게 굴러갈 것이라는 생각으로 오늘치의 행복을 팔아버리지 말아야 합니다. 직장 상사가 더 부드러워지면, 가시철조망을 두른 듯 나를 늘 아프게 찌르는 그 사람의 마음이 돌아선다면…, 내 인생이 달라질 것이라는 가정법으로 내 행복의 주소를 타인에게 이전시키지 말아야 합니다.

행복은 내일의 것이 될 수 없습니다. 내일 존재하는 행복은 영원한 신기루일 뿐입니다. 내일 속에는 행복이, 기쁨이, 사랑이 머물 수 없습니다. 행복은 언제나 지금 이 순간 속에만 존재합니다. 세상의 모든 위대한 일은 '지금 이 순간'에 이루어졌습니다. 과거나 미래에 이루어진 것이 아닙니다. 과거나 미래는 우리의 머릿속에만 존재합니다.

내일에 희망을 거는 일은, 감사하는 마음마저 내일로 미루게 합니다. 희망을 갖는 것은 좋은 일입니다만, 희망 때문에 지금 이 순간을 희생하지 말아야 합니다. 희망을 향해 다가가는 과정마저 사랑해야 합니다. 지금 이 순간을 껴안아 주고, 지금 나에게 있는 것들에 감사하는 사람, 축복은 아낌없이 그런 사람에게 머물 것입니다.

> 현재 순간만이 전부라는 것을 깊이 인식하십시오. '지금 이 순간'을 삶의 구심점으로 삼으십시오. 시간 속에 살면서 잠깐씩만 '지금 이 순간'에 들르는 것이 아니라, '지금 이 순간'에 살면서 실제로 필요한 경우에만 과거와 미래를 잠깐씩만 방문하십시오.
>
> —에크하르트 톨레, 『지금 이 순간을 살아라』

백일 감사 오늘 나의 하루는 이렇게 감사로 물들었습니다.

■

■

■

13

나에게 가는 길

실버타운으로 들어가게 된 어르신으로부터 묵직한 통나무 책상을 비롯하여 몇 가지 쓸 만한 다기 세트와 그릇 등을 물려받았습니다. 언뜻 보기에도 꽤 품위 있어 보이는 다기 세트를 챙기는 우리 부부를 향해 아주머님은 “그건 한 번도 안 쓴 건데!”를 연발했습니다. 그만큼 아끼던 물건을 넘겨준 것입니다.

질이 좋은 것과 그보다 떨어진 것이 함께 있을 때, 어느 쪽을 먼저 선택하여 소비하느냐에 따라 그 사람의 성향을 알 수 있다고 합니다. 하지만 요즘 같은 대량생산 대량소비 사회에서는 무조건 좋은 것부터 쓰고 보아야지, 그렇지 않으면 케케묵은 사람으로 몰리기 십상입니다. 유통기한이 제한되어 있는 식품의 경우에는, 더욱 더 아끼지 말고 좋은 것부터 소비하고 보아야 합니다. 좋은 것을 아낀답시고 맛이 갈려고 하는 것부터 먹어치우면, 결국엔 늘 좋지 않은 음식만 먹게 될 것이기 때문입니다.

이것은 물자의 사용법에만 그칠 일은 아닌 것 같습니다. 우리 자신에게도 적용해 보아야 합니다. 나 자신 안에 이미 내재되어 있는 나 자신의 내장품들을 사용할 때에도 나는 과연 가장 좋은 것부터 사용하고 있는가? 식품이나 귀중품의 경우에는 가장 좋은 것을 찾으면서, 자기 안에 있는 것에 대해서는 그 속에 무엇이 들어 있는지조차 살펴볼 생각을 내지 않았던 것은 아닐까? 바깥의 것들에 대해서는 좋은 것을 찾아 헤매면서도, 내 안에 있는 것에 대해서는 무엇이 들어 있는지조차 모르고, 그래서 그 중에서도 가장 좋은 것을 꺼내어 쓰지 못하고 있다면, 문제가 아닐 수 없습니다.

내가 정말로 하고 싶은 일은 언젠가 기약 없는 내일에 해야 할 일로 미룬 채로, 아무리 내 것으로 끌어당겨 써도 정말로 나를 부자로 만들어주지는 않는 쓰레기 줍기에만 혈안이 되어 매달린다면, 어떤 일이 생기게 될까요? 나와 내 가정의 안전과 번영을 위한답시고, 내가 정말로 발휘하고 싶은 나의 기질은 감추어둔 채로 나쁜 음식에 해당하는 일들만 줄기차게 해대다가, 진짜 인생을 폼나게 해줄 자질이나 재능이란 것은 썩어서 버리지 않을 수 없는 식품처럼 되어버리는 그런 일이, 바로 지금 나 자신에게 일어나고 있는 작금의 사태는 아닐까요? 그런 일이 생긴다면, 우리가 쓰는 우리 자신의 인생 성적표는 참으로 형편없는 점수가 되지 않을 도리가 없을 것입니다. 내 안에 있는 정말 좋은 것, 그 무엇과도 바꿀 수 없는 나만의 소중하기 짝이 없는 보물을 꺼내보지도 못한 채로 세상을 떠나게 된다면, 그보다 억울한 일이 어디에 있겠습니까?

그러니 무엇보다 우리 모두가 서둘러 해야 할 일은, 우리 안에 내장되어 있는 것이 무엇인지를 살펴보는 것입니다. 바깥으로의 나들이를 좀 자제하고, 내 안의 내장품을 먼저 살필 일입니다. 우리 안에 어떤 씨앗이 있는지, 그것부터 파악할 일입니다. 그 씨앗을 싹 틔우고 꽃 피우지 않는다면, 내 인생은 꽝이 되어버릴 것이 뻔하기 때문입니다.

세상의 모든 꽃들은 자기를 피웁니다. 외부의 어떤 것을 주워다가 자기를 살찌우는 꽃은 눈 씻고도 찾아볼 수 없습니다. 아무리 작은 씨앗 속에도 눈이 달리고 발이 달려서 땅을 향해서는 뿌리를 내리뻗고, 하늘을 향해서는 두 팔 벌리며 자기를 키워 갑니다. 햇빛이며 바람이며 비는 자기를 키우기 위한 도우미들일 뿐입니다.

헤르만 헤세의 『데미안』에는 맨 첫머리에 이런 말이 나옵니다. "나는 다만 '진정한 나 자신'에게서 샘 솟는 '그것'을 살고 싶었을 뿐이다. 그런데 그것이 왜 그렇게 어려웠을까?"

> 우리는 작은 신이 될 수 있어. 신이 자신의 창조계 안에서 느끼는 것과 꼭 같이, 우리도 소우주 안에서 작은 신으로서 신과 같이 느낄 수 있다네. 우리는 한 송이 꽃이 될 수도 있고, 한 송이 꽃의 아름다움이 될 수도 있어. 또 사랑하는 사람과의 하나됨 속에서 녹아버릴 수도 있어.
>
> —키리아코스 C. 마르키데스, 『지중해의 성자 다스칼로스 3』

매일 감사 오늘 나의 하루는 이렇게 감사로 물들었습니다.

■

■

■

14

행복은 헐렁한 울타리를 좋아한다

파트리크 쥐스킨트의 『좀머 씨 이야기』에는 하루에도 열두 시간 이상씩을 어디론가 허겁지겁 걸어 다니는 땅딸막한 사내가 등장합니다. 사내는 겨울이면 검은 외투에 빨간 털모자 차림을 하고, 여름이면 캐러멜색 셔츠에 반바지 차림을 한 채, 웅얼웅얼 혼잣말을 하면서 무엇인가에 쫓기듯이 잰 발걸음을 놀리지요. 같은 마을에 사는 소년이 지켜보니, 좀머 씨는 "날 좀 내버려둬!"라는 말을 끊임없이 뇌까리고 있었습니다. 아무것도 들어 있지 않는 배낭을 짊어지고, 지팡이를 손에 쥔 채 뭔가 시간에 쫓기는 사람처럼 이 마을 저 마을로 걸어 다니기만 하는 좀머 씨는, 어디로부터, 무엇으로부터 도망치고 있었던 것일까요?

내면의 불안으로 인해 무슨 소리인가를 뇌까리면서 끊임없이 걸음을 옮겨놓지 않으면 안 되는 좀머 씨는, 우리 자신 안에도 살고 있습니다. 끝없는 일정표 속에서 멈출 줄을 모르고 바쁘게 설치지만, 바쁜 그만큼, 아니 그 이상으로, 늘 공허감에 시달리는 것이 바로 우리 자신이기 때문입니다.

이것저것 바쁜 일정표를 소화하느라 우리에게는 여백이 없습니다. 이건 이래야 한다고 스스로에게 강요하고, 저건 저래서는 안 된다고 자기 자신에게 우기곤 하지요. 한시도 자기 자신을 가만 놔두지 않습니다. 그렇습니다, 어쩌면 우리가 가장 하기 어려운 일은 '자신이 자신을 가만 놔두는 일'인지도 모릅니다. 온전히 혼자가 되어 커피 한 잔과 함께 고독을 음미하고 즐길 수 있는 시간이 주어져도, 우리 중 대부분은 그렇게 하지 않습니다. 누군가의 전화번호를 눌러서 통화를 해야 하고, 텔레비전 채널을 쉴 새 없이 돌려야 하고, 인터넷으로 누군가를 만나야 합니다. 텅 빈 시간과 공간을 가만 놔두지 못하지요.

기쁨과 행복은 틈새와 여유를 좋아합니다. 자기 자신에게나 타인에게 완벽을 요구하고 기대하는 일은 우리 모두를 쉽사리 지치게 합니다. 꽉 짜인 일정표 속에는 행복이, 기쁨이, 감사하는 마음이 들어설 공간이 없습니다. 조금쯤은 헐렁해져 봅시다. 울타리 사이로 행복이 엉거주춤 걸어 들어올 수 있도록.

인생에 주어진 의무는 아무것도 없다네. 그저 행복하라는 한 가지 의무뿐. 우리는 행복하기 위해 세상에 왔다네. —헤르만 헤세

오늘 나의 하루는 이렇게 감사로 물들었습니다.

■

■

■

15

복을 부르는 기도, 복을 내쫓는 기도

2000년대 초반, 『야베스의 기도』라는 150쪽도 안 되는 책이 초베스트셀러가 된 적이 있습니다. 야베스는 어떻게 기도를 드렸길래 엄청난 축복을 누릴 수 있었을까요? 너도 나도 복을 누리고 싶은 사람들의 궁금증이 그 책을 베스트셀러로 끌어 올렸을 것입니다. 야베스의 기도는 너무나 단순선명합니다. "원컨대 주께서 내게 복에 복을 더하사 나의 지경을 넓히시고 주의 손으로 나를 도우사 나로 환난을 벗어나 근심이 없게 하소서."(역대상 4:9-10)

이 짧은 기도에 대해 저자 브루스 윌킨슨은 야베스가 자기 입맛대로 복을 구하지 않았다는 점을 특히 강조합니다. 야베스가 "주께서 내게 복에 복을 더하사"라고 기도할 때, 그는 자기 입맛에 맞도록 이것을 고쳐 달라, 저것을 더해 달라는 식의 '주문형 기도'를 하지 않았습니다.

"야베스가 구하는 복은 우리가 원하는 것을 우리를 위해 구하는 것이 아니라, 우리를 위해 하나님께서 원하시는 것에 레이저처럼 초점을 맞추어 광선을 비추며 그 이상도 그 이하도 되지 않게 하는 것이다. 하나님이 주시는 복을 우리 삶의 최고 가치로 추구할 때 우리는 '우리를 위한 하나님의 뜻과 능력과 목적'이라는 강물 속에 우리 자신을 완전히 내던지게 된다. 그리고 우리가 가진 그밖의 모든 필요들은 우리가 정말 원하는 것에 밀려 부차적인 것이 된다. 우리가 정말 원하는 것이란 하나님이 그분의 영광을 위해 우리 안에서, 우리를 통해서, 그리고 우리 주위에서 행하시는 일들 속에 완전히 잠기게 되는 것이다."

수많은 사람들이 오늘날에도 "주문형 기도"를 일삼는 것을 볼 수 있습니다. 어린 아이들이 부모에게 떼를 쓰듯이, 이 우주의 섭리 자체인 "보이지 않는 힘"을 향해 자기 입맛에 맞는 음식을 내놓으라고 기도하면서, 그런 기도가 이루어지지 않으면 마치 자신의 간절함이 부족해서인 것처럼 더욱 더 열렬하게 신께 매달리곤 합니다.

조엘 골드스미스는 『기적의 치유 코스』에서 이렇게 경계합니다. "그분은 당신 주변을 서성이면서 당신이 자기 자신을 위해서 그분에게 얼마나 간절하게 호소하는지, 얼마나 영향을 끼치려고 애쓰는지를 지켜보고 있다가, 당신에게 때맞춰 필요한 것을 주시는 분이 결코 아닙니다. 하지만 세상 사람들은 하나님을 너무나 모르는 것 같습니다. 사람들은 하나님께서 자신들을 위해 무엇인가를 해주도록 하나님께 영향을 끼칠 수 있는 방법을 찾으려고 애쓰면서 시간을 허비합니다. …자기의 이익을 위해 하나님을 이용하려고 하지 마십시오. 하나님에 의해 기꺼이 쓰임 받으십시오. '진리'에 의해 기꺼이 쓰임 받으십시오. '진리'가 드러나도록 기꺼이 도구가 되십시오."

이런 복, 저런 복을 달라고 기도하는 것은, 섭리의 하나님께서 우리에 딱 맞는 복을 내리실 준비를 이미 하고 계시는데도 콘크리트 방호벽을 치고 우리에게 들어올 복을 차단하는 행위가 아닐까요? 복을 받기 위해서는 우리가 먼저 "복을 받는 빈 그릇"이 되어야 할 것입니다. 우리가 "빈 그릇"이 되면, 그분은 아마도 우리의 그릇에 다 담을 수도 없도록 "우리의 지경"을 넓혀 주실 것이 분명합니다. 우리가 빈 그릇이 되어서 넓혀지게 되는 "지경"을, 우리들 각자는 "나만의 영토"라고 여기고 울타리를 치지 않을 것이 분명하므로, 그분은 안심하고 우리의 "빈 그릇"을 한껏 넓혀서 채워 주실 것입니다. 지금도 새로운 별을 탄생시키시며 우주를 넓혀 가시는 그분은, 우리도 그분과 같이 '확장'되어 가는 것을 기뻐하시지 않을까요?

> 마음을 텅 비우는 것이 기도입니다. 자기 생각을 내려놓는 것이 기도입니다. 입을 닫고 귀를 여는 것이 기도입니다. 마음속에 가득 차 있는 생각, 사념, 지식, 개념 등을 내려놓으십시오. 이것이 진정한 기도입니다.
>
> —차경남, 『인문학으로 만나는 마음공부』

오늘 나의 하루는 이렇게 감사로 물들었습니다.

■

■

■

16

세상은 광대한 오케스트라

보지도 듣지도 말하지도 못했던 헬렌 켈러는 어느 날 숲속을 산책하고 돌아온 친구에게 무엇을 보았느냐고 묻습니다. 별로 특별한 게 없었다는 친구의 대답에 헬렌은 소스라치게 놀랐지요. 어떻게 그런 대답을 할 수 있는 것일까? 헬렌의 친구는 오늘날의 보통 사람들과 크게 다르지 않았던 것 같습니다. 우리 모두는 경이로운 느낌표를 잃어버리고 살면서도 이 지구상에 150만 종 이상의 생물을 창조하신 그분께 실종 신고조차 하지 않는 무감각증을 태연자약 연출하면서, 어제나 오늘이나 '별로 특별할 게 없는' 날을 보내고 있는 중이니까요.

친구의 무감각증과는 대조적으로 헬렌은 눈을 뜨기만 한다면 너무나도 보고 싶은 것이 많았습니다. 손으로 잎사귀들을 하나하나 만지면서 그것들이 정교하게 대칭을 이루고 있다는 사실에 감탄하고, 은빛 자작나무의 매끌매끌한 둥치를 사랑스럽게 쓰다듬곤 했습니다. 어쩌다 나뭇가지 위에 살며시 손을 대었을 때는, 노래를 부르고 있는 새들의 행복한 떨림마저 느낄 수가 있었지요.

그런 모든 것들을 두 눈으로 똑똑히 보고 싶은 열망에 헬렌의 가슴은 늘 터질 것만 같았습니다. 손으로 더듬어 보면서도 그렇듯 많은 기쁨을 맛볼 수 있는데, 두 눈으로 볼 수 있게 된다면 얼마나 더 많은 아름다움을 발견할 수 있을까요!

무감각증을 앓고 있는 우리에게 헬렌은 '사흘 동안만 볼 수 있다면'이라는 수필을 통해 제안합니다. 단지 잠시 동안만이라도 눈과 귀가 멀게 된 듯 지내보라고. 잠깐 동안의 암흑만으로도 볼 수 있다는 사실을 더욱 감사하게 될 것이고, 태초와도 같은 정적을 들을 수 있는 기쁨을 온몸 구석구석에 전달해 주겠지요. 안 그럴까요?

내일이면 눈이 멀지도 모른다는 생각으로 당신의 눈을 사용하라.
내일이면 귀가 멀지도 모른다는 듯이 음악을 감상하고,
새들의 노랫소리를 듣고, 오케스트라의 멋진 하모니를 음미하라.
—헬렌 켈러

오늘 나의 하루는 이렇게 감사로 물들었습니다.

■

■

■

17

빵과 돌멩이

"빵을 달라는데 돌멩이를 줄 아버지가 어디 있느냐?"(마태 5:14-15)라는 성경구절을 읽으면서, 여러 가지 의문들이 샘솟았습니다. 세상의 온갖 모순들과 불평등이 눈에 밟히면서, '그 모든 것들을 다 아시는 신께서는 도대체 왜 침묵만 하고 있는지' 의혹을 지울 수가 없었습니다. 침묵, 거대한 침묵 속에서 신은 도대체 무엇을 하시는가? 신은 과연 인간들과 이 세상을 지켜보고 계시기나 하는가?

가슴속 질문들에 답하기 위한 시간을 보내면서, 그 물음표들이 어떻게 답해졌고 어떻게 소화되었는지를 말하자면 책 한 권의 분량으로도 모자라겠지요. 하지만 성숙해갈수록 분명해져 간 것은, 나에게는 자유가 주어져 있고, 그 자유함 속에서 내가 경험하는 모든 것이 사실은 나를 위한 맞춤의 학습과정이었다는 것입니다. 누군가 나에게 던진 돌멩이조차도 사실은 나에게 꼭 필요한 보약이었다는 것이 뒤늦게 깨달아지곤 했습니다. 그런 일들이 겹치다 보니, 이제는 지금 나에게 돌멩이처럼 여겨지는 일들이라도 여유를 갖고 생각하려고 합니다. 그것은 아마도 내가 아직 소화시키지 못하고 있는, '섭리에 의해 나에게 주어진 보약일 거야.'라고요.

아직 소화시키지 못하고 있는 '생명의 양식'들이 '돌멩이'로 여겨지고 문젯거리로 여겨져서 골치가 아플 때에는, 그것이 실업의 문제이든 육체적 질병의 문제이든 관계의 문제이든, 왜 왜 왜 그 '돌멩이 같은 것'이 주어졌는지, 그것을 '생명의 양식'으로서 소화시킬 수 있는 방법은 무엇인지, 하늘을 향해 물어야 합니다. 하늘이 묻지 않는 자에게마저 친절하게 모범답안을 가르쳐주는 법은 단연코 없습니다. 정직하고 간절하게 물으면 반드시 답을 해주지만, 그것도 어디까지나 비유나 상징으로 나타나는 꿈이나 환상을 통해서이기 쉽습니다. (그런 꿈을 꾸고 나면 '자, 여기까지 암시를 주었으니 네 마음대로 해석해 봐. 살아내는 것은 어디까지나 네 몫이야.'라는 속삭임을 들은 것 같은 느낌이곤 합니다.) 하늘은 누군가를 특별히 사랑하여 컨닝을 시켜준다는 인상을 사람들에게 심어주고 싶지 않은 것 같습니다. (자식에게 답안지를 빼돌려서라도 자녀를 짝퉁 우등생으로 만들고자 하는 아버지는 지상의 아버지이지 결코 하늘 아버지가 아니지요!)

그러니 먼저, 가짜가 아닌 진짜를 구해야 합니다. 해답이 아니라 원리를 구해야 합니다. 내 이익을 위해 무엇을 구하기에 앞서, 무엇을 구할 것인지를 물어야 합니다. 본질에 대한 간절한 물음표, 살아 있는 물음표를 갖고 살아야 합니다. 그것이야말로 내가 살아있다는 '존재의 증명' 아닐까요? 그것이 없다면, 그것이 부재한 상태로 살아가고 있다면, 그/그녀는 좀비나 마찬가지 아닐까요?

반뜩이는 깨달음이 나를 찾아왔다. 그렇다, 벼락처럼! 명상을 하던 중 “너는 이미 다 갖고 있다”는 말을 들었을 때였다. 다섯 마디의 짧은 말이 내 뒤통수를 때리면서 내게 부유함에 대한 전혀 새로운 생각을 안겨주었다. 당시 나는 수입이 보장된 평탄한 교사 자리를 떠날 것이냐, 아니면 독립해서 성공해볼 것이냐의 고민으로 머리를 싸매고 있었다. “너는 이미 다 갖고 있다!”는 말이 들려왔을 때, 명상을 하고 있던 그 순간에, 나는 깨달았다. 더 이상 돈을 ‘필요’로 하는 것은 내 욕심임을. 내가 필요한 만큼은 이미 갖고 있음을. 그리고는 늘 돈에 절절매며 마음 끓이던 일을 그만둘 수 있었다. 난 이미 넉넉하다는 것을 깨달았다.

—웨인 다이어, 『기적을 만드는 당신』

백일 감사 **오늘 나의 하루는 이렇게 감사로 물들었습니다.**

■

■

■

18

행운의 여신을 부르는 마음의 법칙

한평생 살아가면서 누구나 행운의 여신이 찾아와주기를 바라지만, 억지로 데려올 수는 없는 일입니다. 여신 스스로 내 집에 걸어 들어오도록 해야 할 것이고, 그러려면 여신의 마음을 사로잡아야 할 것입니다.

여신으로 하여금 제 발로 찾아오도록 하려면, 여신이 찾아오기 쉽게, 다니기 좋은 길부터 닦아 놓아야 합니다. 멋지고 아름다운 길을 닦아 놓으면, 여신 스스로 마음이 동하여 내 집을 노크하지 않을까요?

길은 텅 비어 있어야 마음껏 달릴 수 있습니다. 여기저기에 장식물이 놓여 있다면, 다니기가 불편해집니다.

여신의 방문을 받고 싶다면 길부터 치워놓아야 합니다. 마음의 쓰레기들로 길을 가로막지 말아야 합니다. 전속력으로 질주하더라도 아무런 부딪힘이 없도록 이런저런 생각의 장애물들을 깨끗이 치워놓아야, 여신의 신속한 방문을 기대할 수 있을 것입니다.

여신은 조건을 붙이는 사람을 가장 싫어합니다. 무엇이든 냉큼냉큼 주는 대로 맛있게 받아먹는 사람을 가장 사랑합니다. 가리지 말고 감사하게 받아먹겠다는 자세로, 이것저것 조건을 가리고 따지는 우리의 분별심을 깨끗이 치워놓는다면, 여신은 어느새 곁에 와 있을 것입니다.

감사는 이미 이루어진 일에 대해서만 한정될 필요가 없습니다.
앞으로 나에게 일어날 행복한 일들에 대해서도
미리 감사의 마음을 보내 봅시다.
감사하는 마음은
미래의 풍요를 부르는 전령들입니다.

놓아버림은 무거운 물건을 떨어뜨리듯 마음속 압박을 갑작스레 끝내는 일이다. 놓아 버리면 마음이 놓이고 가벼워지는 느낌이 들면서 한결 기쁘고 홀가분해진다. … 놓아버림은 타고난 능력이다. 새롭거나 생소한 방법도 아니다. 비밀리에 전수되는 가르침도 아니고, 누군가가 주창한 사상이나 신념 체계도 아니다. 더욱 자유롭고 행복해지기 위해 우리 내면의 본성을 활용하는 일일 뿐이다.

—데이비드 호킨스, 『놓아버림』

백일 감사 오늘 나의 하루는 이렇게 감사로 물들었습니다.

■

■

■

19

사랑은 문을 여는 것

사랑하는 사람을 내 입맛에 맞게 길들이는 데에만 골몰하는 것은, 새장 속에 새를 가두어 기르는 것과도 같습니다. 날개를 활짝 펼치고 창공을 거침없이 날 수 있어야 새는 새다운 행복을 누릴 수 있지요.

사랑을 가두는 사람은 상대방만이 아니라 자기 자신 또한 가두고 있는 것입니다. 자신의 사랑을 어찌 그리 옹색하게 한정시키려고만 하는 것일까요? 크게 떨치고 일어나 저 푸른 창공으로 연인을 자유롭게 풀어줄 수 있어야 합니다.

진정한 사랑은 가두고 제한하지 않습니다. 사랑은 문을 닫는 것이 아니라 여는 것입니다.

이 우주를 움직이는, '보이지 않는 사랑의 큰 손'은
자신의 사랑에 아무런 조건도 붙이지 않습니다.
어떠한 실수와 잘못을 저질러도 변함없이 사랑을 보내줍니다.
우리의 흠이 아무리 크고 아무리 큰 죄를 저질러도
우리가 하늘 어버이의 자녀라는 점은 변하지 않고,

자녀가 어떤 마음을 품고 어떤 행실을 하든
자녀에 대한 하늘 어버이의 사랑은 조금도 변함이 없습니다.
자녀는 아무 조건 없이 존재 자체만으로
하늘 어버이의 사랑을 받는 것입니다.
그렇게 조건 없는 사랑을 이 지상에서 구현해 보고 싶지 않은가요?

세상의 많은 사람들이 사랑을 붙잡아 그들의 관계 안에 가두려고 하는 것은 불행한 일이다. 사랑을 잡아 가둔다는 것은 불가능하다. 당신이 사랑을 잡아 가두려 하는 순간 사랑은 사랑이기를 그친다. 사랑은 공기와 같다. 당신은 그것을 손에 쥘 수 없다. 당신의 편 손바닥에 약간의 공기를 가지는 것은 가능하다. 그러나 당신이 손 안에 공기를 가두려 한다면, 공기는 달아날 것이다. 사랑을 가두려 하거나 사랑을 구속하려 한다면, 사랑은 퇴색하고 사라진다는 것이 삶의 역설이다. 사랑을 소유하고자 하는 우리의 어리석은 시도들로 우리 모두는 사랑을 죽이고 있다.

—오쇼 라즈니쉬, 『지금 여기의 신 크리슈나』

백일 감사 **오늘 나의 하루는 이렇게 감사로 물들었습니다.**

■

■

■

20

이대로도 충분하다는 마음

어느 날 문득 돌아보니 나에게는 필요한 것들이 이미 주어져 있었습니다. 사랑하는 사람들과 더불어 먹고 입고 자고 생활하는 데에는 적어도 아무 불편이 없었습니다. 그런데도 나는 얼마나 더 많은 것을 달라고 칭얼댔던가요!

더 너른 집, 더 좋은 형편, 더 맛있는 음식…

'그것이 있으면 얼마나 좋을까?'

'이것만 이루어진다면 더 바랄 것이 없을 텐데…'

더, 더, 더는 꼬리에 꼬리를 물고 이어지곤 했습니다. 더 많은 것들이 채워져야 한다고 주장하는 욕심 때문에 행복은 언제나 불확실한 미래의 일로 미루어지기 일쑤였지요.

'있는 그대로 충분하다'는 마음은 결코 나약한 마음이 아닙니다. 있는 그대로 만족하고 감사하는 마음은 삶에 대한 힘찬 긍정이요, 이 인생 무대를 마련해 주신 분에 대한 아낌없는 찬사일 수 있습니다.

더, 더, 더 바라는 마음은 결핍감에서 비롯된 것이지만

이대로 충분하다는 마음은 풍요로움에서 나온 것입니다.

미움은 미움을 낳고 사랑은 사랑을 낳습니다. 콩 심은 데에 팥 나올 수 없듯이, 결핍감은 풍요를 낳을 수 없습니다.

풍요가 풍요를 낳습니다.

여유가 여유를 낳습니다.

감사하는 마음은 다른 사람을 향한 감정이 아니라, 자기 자신의 평화를 위한 감정이다. 감사하는 행위, 그것은 벽에다 던지는 공처럼 언제나 자기 자신에게로 돌아온다. —이어령

오늘 나의 하루는 이렇게 감사로 물들었습니다.

■

■

■

21

사랑의 큰 손

우리 모두는 사실 나 자신에 대해 너무도 무지합니다. 자기 자신도 모르고, 가장 가까운 사이라는 연인이나 배우자에 대해서도 모릅니다. 세상에 대해서도 모르고, 생명에 대해서도 사실은 너무나 깜깜합니다. 우리가 진실로 알고 있는 것은 우리가 알고 있는 것이 너무나 적어서, 거의 무지에 가깝다는 사실뿐입니다. 이 무지가 기실은 우리네 삶의 본바탕입니다. 모르는 것이 너무도 많다는 것을 인정한다면, 삶은 그만큼 신비가 됩니다. 우리는 사실상 태초의 낯설음, 태초의 무지 속에서 살고 있는 것이나 마찬가지입니다. 그런데도 분명한 것은, 누군가 보이지 않는 사랑의 큰 손이 우리 자신의 삶을 떠받쳐주고 있다는 것입니다. 크나큰 사랑의 신비가 아니면 이루어질 수 없는 수많은 일들이, 보이지 않는 질서 속에서 이루어지고 있습니다.

이 3차원의 세상을 떠날 때, 육신의 생명이 끝나갈 때는, 누구나 다 혼자가 됩니다. 아무리 깊은 관계라도 죽음을 함께 할 수는 없습니다. 거대한 우주의 침묵 속에 휩싸여 있는 우주비행사처럼 우리 모두는 홀로 죽음과 마주서야 합니다. 이때, 누구나 다 제임스 어윈처럼 신성한 존재를 느낄 수 있는 것은 아닐 것입니다. 평소 훈련이 되어 있어야 합니다. 우리 스스로 창문을 닫아걸고 방안에 갇혀 사는 사람은 푸른 하늘을 볼 수 없는 것처럼, 자기 안에 갇힌 사람은 신성한 기운을 느낄 수가 없습니다. 자신의 존재를 떠받치는 신성한 기운을 의식하고 그 기운과 더불어 사는 연습을 해야 합니다.

여러분의 마음은 '구름'이 아니라 '하늘'입니다. 구름이 온갖 형상으로 변화해도 그 위의 하늘은 변하지 않습니다. … 그냥 하늘처럼 그 구름을 그저 바라보고, 자각만 하십시오. 그러면, 그건 이내 사라집니다.

—조 바이탈리

백일 감사 오늘 나의 하루는 이렇게 감사로 물들었습니다.

■

■

■

22

텅 빈 고독의 충만

사람마다 한 권의 경전을 지니고 있는데
그것은 종이나 활자로 된 게 아니라네
펼쳐보아도 글자 하나 없건만
언제나 환한 빛을 발하고 있네.

법정 스님의 『버리고 떠나기』라는 책 속에서 인용한 시구입니다. 이 시구의 저자는, 자기 자신 안에서 어떤 빛을 보았던 것일까요? 그리고 그는 그 빛이 자기뿐만 아니라 사람마다에 두루 내재되어 있음을 어떻게 알아차렸던 것일까요?

시끄러운 세상을 떠나 출가를 하셨던 법정 스님은 송광사 뒷산에 불일암을 지어놓고 홀로 20년을 사셨지만 그것마저 번거롭다고 여기시고 오대산 근처 화전민이 살았던 빈 집으로 거처를 옮기고, 전기도 들어오지 않는, 그러기에 별빛이 오히려 더욱 또렷또렷한 그곳에서 고독이 뚝뚝 묻어나는 글들을 남겨 주셨습니다.

그의 고독이 빛나는 까닭은, 시끄러운 세상과의 대비 때문이 아니라 홀로 있음 속에서 오히려 더욱 더 살아나는 '내면의 빛'을 이야기했기 때문입니다. "빈 방에 홀로 앉아 있으면 / 모든 것이 넉넉하고 충만하다. / 텅 비어 있기 때문에 / 가득 찼을 때보다도 / 오히려 더 충만하다."

가족을 떠나 한적한 곳에서 지내본 적이 있으신지요? 인터넷도 없고 휴대폰도 터지지 않는 곳에서 기간을 정해놓지도 않고 칩거에 들어가 본 적이 있으신지요? 그럴 때, 절대다수의 사람들은 갑작스레 몰려오는 외로움 속에서 쩔쩔맬 것입니다. 하지만 그곳이 자연 속이라면 사람들은 뜻밖에도 너무나 적응을 잘합니다. 고요한 침묵 속에서 그동안 들리지 않았던 소리를 들을 수 있게 됩니다. 그리고 그는 자기 자신이 결코 혼자가 아님을 느끼게 됩니다. 이 삶 전체를 떠받치는 거룩하고 신성한 어떤 힘과 만나게 되고, 그 힘을 의식하고 그 안에서 살게 될 때에는 더 이상 외로움 타령을 하지 않게 됩니다. "텅 빈 고독의 충만"을, 그 맛을 차츰 터득하게 되는 것입니다.

홀로 있으면서도 외롭지 않을 수 있는 사람. 그는 세상과 삶을 떠받치는 거룩한 손길을 알아차리고, 그 거룩함 속에서 살아갑니다. 거룩함의 주체를 무어라 표현하든 그것은 세상 모든 종교의 공통사항이 아닌가 싶습니다.

『당신 안의 그리스도』에는 이런 구절이 나옵니다. "당신의 가장 내밀한 곳에는, 어떠한 죄도 없는 자리가 있습니다. 그 어떤 것도 더럽힐 수 없는 성스러움의 자리가 있습니다. 그 자리를 깨닫게 되면, 당신은 비로소 '존재하기' 시작하고, 심지어는 하늘에 계시는 아버지처럼 존재하기 시작할 수 있습니다."

홀로 있을수록 오히려 더욱 더 선명하게 드러나는 거룩한 기운을 어떻게 이 시끄러운 세상 속으로 가져올 수 있을까요. 어떻게 해야 서로가 서로를 거룩한 존재로서 존중하면서 살 수 있을까요. 별과 별이 서로를 끌어당김과 동시에 밀어냄으로써 추락하지 않고 이 우주 공간을 돌고 돌듯이, 사람들과의 관계 속에서도 그 거룩함이 발견되어야 하고, 마침내는 모두가 그 거룩함을 살아야 하지 않을까요?

> "잡념을 없애고 마음을 통일해서 귀로 듣지 말고 마음으로 들어라. 그리고 가능한 한 마음으로 듣지 말고 기(氣)를 통해 들어라. 귀는 소리를 들을 뿐이며 마음은 자기 틀에 맞는 것만 받아들일 뿐이지만, 기라는 것은 텅 비어서 모든 대상에 응할 수 있느니라. 이 텅 빈 곳에는 오직 도만 남게 되는데, 마음을 텅 비우는 것이 심재(心齋)다."
>
> —공자

오늘 나의 하루는 이렇게 감사로 물들었습니다.

■

■

■

23

중심의 회복

아주 가끔씩은 이대로 충분하다는 느낌이 선물처럼 찾아옵니다. 그때 나는 중심에, 내 존재의 중심에 서 있습니다.

그런 충족감 속에서는 뭔가가 채워져야만 내가 더욱 온전해질 것 같은 빈 구멍들이 더 이상 보이지 않고, 그럴듯한 누군가가 되고 싶어 누구를 닮으려고 애쓰며 굳이 나를 다른 모습으로 변형시키려고 하지도 않습니다. 이것은 괜한 자존심이 아닙니다.

(있는 그대로 충분하다는 이 느낌이야말로 나를 창조한 그분께는 가장 큰 선물이 되지 않을까요? "엄마, 아빠, 감사해요. 저를 이렇게 만들어 주셔서. 이대로 충분해요. 아무것도 바랄 것 없어요." 자녀의 이런 말을 들을 때, 부모가 가장 만족스러워하는 것처럼 말입니다.)

저마다 다른 환경과 DNA를 갖고 이 지구별에 온 까닭이 "소풍을 통한 레슨"을 위해서라면, 삶은 불완전하고 부조리한 것이 되어야만 배움의 한마당이라는 필요조건을 충족시키게 됩니다. 불완전하다는 그것이 배움을 위해서는 완전한 조건이 되는 것이지요.

우리 모두는 레슨을 위해 오직 두뇌의 5%만을 열어놓고 살아가고 있습니다. 우리 모두가 손발이 묶인 수인(囚人)처럼 살아가면서 자유의 소중함을 경험하고 있는 것이지요. 우리 모두는 눈 뜬 뒤의 환희를 더욱 실감하려고 눈가리개를 한 채 백 년을 살기로 하고 3차원의 밀도로 내려온 천사들이 아닐까요?

3차원의 현실이 경험하게 해주는 갑갑함에 몸부림 마음부림 치다가 어느 날 문득 불완전함의 완전함에 영(靈)의 눈을 뜰 때, 그는 비로소 눈가리개를 한 채로도 맘놓고 쉴 수 있게 됩니다. 눈가리개의 베일이 어느새 얇아져서 새어 들어오는 빛을 음미하면서.

그때 비로소 우리는 천사로서의 우리 자신을 되찾고, 존재의 중심에 서서 우리 안에 이미 내장된 신성의 찬란한 빛을 주변에 흩뿌리게 될 것입니다. 지금 여기에서.

> 나는 여유롭게 걷는 동안, 특히 오롯이 혼자 걸을 때마다 마음이 차분해지고, 내 중심에 더 가까워지는 듯한 기분이 든다.
>
> —알베르트 키츨러, 『철학자의 걷기 수업』

오늘 나의 하루는 이렇게 감사로 물들었습니다.

■

■

■

24

별을 빛나게 하는 것은

아이작 아시모프의 SF 소설 「전설의 밤」은 지구가 아닌 다른 행성을 무대로 펼쳐지는 이야기로, 거기에서는 여섯 개의 태양이 번갈아 뜨고 집니다. 여섯 개의 태양이 번갈아 뜨고 지기 때문에 그 행성에서는 밤이라는 것이 없지요. 어둠을 모르고 살기 때문에, 인공적인 전기도 있을 필요가 없습니다. 늘 환한 밝음 속에서만 살아가는 그 행성에 개기일식이 예견됩니다. 이 개기일식은 2천 년 만에 한 번씩 찾아옵니다. 밤을 한 번도 경험해 보지 못한 인간들은 어둠에 대한 공포심을 가지고 있습니다. 천문학자들은 개기일식이 찾아와서 세상이 온통 캄캄해질 것이라고 예견합니다. 사람들은 어둠의 공포를 몰아내기 위해 횃불을 발명해내기도 합니다. 이 행성 주민들은 밤이라는 것을 모르기 때문에, 별이 뜨는 하늘을 한 번도 본 적이 없습니다. 하늘에 보이는 것이라고는 여섯 개의 태양뿐이어서, 그들은 당연히, 여섯 개의 태양을 우주 전체라고 믿지요. 이 우주에는 수많은 별들이 있다는 고대의 신비 문서가 있지만, 주민들은 우주에 수많은 별이 있다는 것을 도대체 믿을 수가 없습니다.

마침내 개기일식이 시작되자, 여섯 개의 태양은 하늘에서 자취도 없이 사라지고 맙니다. 이제 세상은 온통 어둠뿐입니다. 하지만 그들이 예상했던 대로의 완전한 어둠은 아니었습니다. 하늘에 수많은 별들이 떠서 초롱초롱 그들을 내려다보고 있는 것이 아닙니까! 행성 주민들의 놀라움과 경이가 어떠했을까요?

"별, 별, 별… 저 별들을 좀 봐…. 우린 전혀 모르고 있었어. 우린 아무것도 모르고 있었던 거야. 우리는 여섯 개의 별이 우주의 전부인 줄 알았어. 암흑이 영원히 계속되리라고 생각했는데 저 별들이 갑자기 나타났어. 우리는 몰랐어. 우리는 알 수가 없었다고."

그 행성의 주민들은 개기일식이 진행되는 한 시간 동안만 밤이라는 어둠과 밤하늘을 밝히는 수만 개의 별들을 볼 수 있었지만, 그때의 그 놀라운 신비는 전설이 되어 두고두고 전해지게 될 것입니다. 세대가 흐르고 흐르면, 행성 주민들은 점점 더 의심을 하게 되겠지요.

'30년 전에 그런 일이 있었다고?'
'100년 전에 그런 일이 있었다고?'
'500년 전에 그런 일이 있었다고? 웃기지 마라, 세상에 그런 일이 어디 있냐? 믿을 것을 믿어라.'

아이작 아시모프는 이 소설의 첫머리에 에머슨의 말을 인용하여 이렇게 적었습니다. "천 년에 하룻밤만 별이 보인다면, 어떻게 인간이 신의 존재를 믿고 숭배하며 수많은 세대 동안 천국에 대한 기억을 보존할 수 있겠는가."

반짝이는 별들을 볼 수 있는 것은 어둠이 있기 때문입니다.

꽃을 볼 수 있는 것은 꽃을 받쳐주는 허공이 있기 때문입니다.

지금 이 순간의 연속으로서만 숨쉬고 움직거리는 당신이라는 존재의 기적은, 당신이 존재하지 않는 광막한 시공간의 무대가 받쳐주기 때문에 가능합니다.

하늘이라는 무한한 허공에 무수한 별들이 가득 차 있다. 이 천지자연이 모두 한얼님이 우리에게 보내주신 글월(文章 편지)이다. 옛날의 석가와 예수, 가까이 에머슨과 간디는 이 글월을 바로 읽었다.

—다석 유영모

오늘 나의 하루는 이렇게 감사로 물들었습니다.

-
-
-

25

내 안의 태양

태양의 세 번째 자식인 지구는 날이면 날마다 태양으로부터 에너지원을 공급받아 생명을 품고 기릅니다. 지금 이 시각, 내가 쬐고 있는 햇빛은 저 태양으로부터 1억 5천만 킬로미터를 빛의 속도로 달려와 여기 이 몸 위에 당도한 것입니다.

하지만 태양은 지구 바깥에만 있는 것이 아닙니다. 화산 폭발 때면 모습을 드러내는 시뻘건 마그마를 보면, 지구 안에도 또 다른 태양이 있는 것이 분명합니다.

그것뿐만이 아닙니다. 우리 안에도 태양이 있습니다. 오늘도 심장은 펄떡펄떡 하루에 10만 번 이상 펌프질을 하여 생명의 불기운을 온몸으로 순환시키고 있습니다. 피가 왜 붉은지, 그 까닭은 너무나 자명합니다.

그런데도 우리는 무엇인가로, 혹은 누구인가로 허전한 가슴을 채우려고 합니다. 그러나 외부의 누군가나 무엇이 나를 채워서 내가 온전해지는 법은 없는 것 같습니다.

현자들은 말합니다. "바깥으로 헤매는 그대여, 그대 안을 보십시오. 눈이 부시도록 밝은 그대 안의 태양을."

우리 몸에는 중심태양이 있으며 모든 원자는 그 중심태양의 둘레를 돈다. 또한 각각의 원자들은 저마다의 태양을 가지고 있어 그 둘레도 함께 돈다. 우리가 정신을 오롯이 하여 단순하게 “나는 신이다”하고 선언하면, 모든 원자뿐만 아니라 원자들이 돌고 있는 태양도 빛을 발하기 시작한다. 그리하여 빛을 발하는 순간 모든 원자는 완전한 조화 속에 있게 된다. 원자들이 빛을 내는 순간 인간의 몸에는 어떤 부조화도 남아 있을 수 없다. 즉, 완전하게 치유되는 것이다.

—베어드 T. 스폴딩, 『초인들의 삶과 가르침을 찾아서 2』

매일 감사

오늘 나의 하루는 이렇게 감사로 물들었습니다.

■

■

■

26

입을 크게 벌리라

처마 밑에 둥지를 튼 제비가 새끼들에게 먹이를 주는 광경을 보신 적이 있는지요? 둥지에 옹기종기 모여 앉은 새끼들이 어미를 향해 입을 쩍쩍 벌리고 있는 모습은, 생명에의 경외감을 저절로 품게 합니다. 입을 벌리지 않으면 아기새는 먹이를 받아먹을 수가 없습니다. 성경에는 세상의 섭리를 주관하시는 분께서 "네 입을 크게 열라 내가 채우리라"(시편 81:10)고 하셨다는 말씀이 기록되어 있습니다. 섭리에 의해 나에게 주어지게 되어 있는 것이라도 받을 준비가 되어 있지 않다면 받지 못하게 될 것은 자명한 이치입니다.

아기새의 입장에서는 어미가 주는 것이라면 무엇이든 입을 크게 벌리고 받아먹기만 하면 됩니다. 어미가 어찌 새끼에게 나쁜 것을 먹이겠습니까? "너희 가운데서 아들이 빵을 달라고 하는데 돌을 줄 사람이 어디에 있으며, 생선을 달라고 하는데 뱀을 줄 사람이 어디에 있겠느냐?"(마태 7:9, 10)

우리 눈에 나쁜 것처럼 보인다고 해도 더 큰 눈으로 보면 그것은 우리에게 반드시 필요한 영양제일 수 있습니다. 우리 눈에는 돌멩이처럼 보여서 거부해야 마땅한 것처럼 보여도, 신의 눈에는 그것이 우리에게 꼭 필요한 보약일 수 있는 것이지요. 그러니 되도록 받아먹으려고 마음을 먹어야 할 것입니다.

병을 앓고 나면 살아 있다는 것의 환희심이 새록새록 다시 살아나고, 나를 힘들게 했던 병마저도 고맙게 느껴지지요. 시련과 고난도 지내놓고 보면 성장을 위한 디딤돌이었다는 것이 분명해집니다.

그러니 입을 크게, 크게 벌릴 일입니다, 섭리가 나에게 베푸는 것들을 향해.

나는 오늘 아침 오랜 친구든 새 친구든 나의 벗들에게 깊이 감사하는 마음을 품은 채 잠에서 깨어났다.

—랄프 왈도 에머슨

오늘 나의 하루는 이렇게 감사로 물들었습니다.

■

■

■

27

어둠이여, 이제 그만 안녕!

누군가를 사랑하고 미워하는 일은 3차원의 시공간에서 행동으로 표출되기 이전에 먼저 우리의 머릿속에서 전기적 작용으로 일어납니다. 누군가를 사랑하고 미워하는 마음을 내면, 우리의 뇌 속에서는 상대방의 이미지들이 만들어져서 그 이미지를 향해서 감정이 발산되고, 그에 따라 호르몬이 분비됩니다.

사랑하는 마음을 내면 엔돌핀, 도파민, 세로토닌 같은 호르몬이 분비되어 삶에 활력을 가져다줍니다. 이런 호르몬들은 노화를 방지하고, 자연치유력을 높여주고, 기억력을 증진시킵니다.

미워하는 마음을 내면 아드레날린이나 노르아드레날린 등의 호르몬이 분비되어 긴장과 스트레스를 야기하는데, 이런 호르몬들은 건강에 독이 되는 활성산소를 발생시켜서 세포를 파괴하고 노화를 앞당깁니다.

이제 우리는 과학 덕분에 분명히 알게 되었습니다. 밖에서 일어나는 일은 안에서 먼저 일어난다는 것을. 외부의 사건들은 곧 내면의 사건들이라는 것을. 이것이 의미하는 바는, 성현들이 말해 왔듯이, 나는 곧 너요, 우리 모두가 하나라는 사실입니다. 우리가 아무리 부정해도 우리의 뇌는 그것이 사실임을 지금 이 시각에도 증명하기에 분주합니다.

살다 보면 시기와 질투, 미움, 분노, 좌절 같은 어둡고 부정적인 마음을 경험할 수밖에 없지만, 그것의 존재 이유는 우리로 하여금 기쁨과 설레임, 행복, 만족감, 감사 같은 긍정적인 마음으로 화학적인 변화를 꾀하도록 촉구하는 역할에 있지 않을까요? 병을 앓고 나면 건강한 몸이 더욱 고마워집니다. 수많은 바이러스가 있어서 삶은 늘 위태롭지만, 그런 것들의 궁극적인 존재 이유는 우리 안의 빛과 생명을 더욱 튼튼하게 만들기 위한 촉매로서가 아닌가 합니다.

어둠에서 벗어나면 빛이 더 밝게 느껴지고, 더 고마워집니다. 그래서 어둠을 향해 기꺼이 작별인사를 하게 됩니다. "어둠아, 이제 그만 안녕! 그동안 수고했구나. 내 안의 빛을 깨워주니 너무 고마웠어. 잘 가!"

구걸하던 손을 거두라. 그리고 그대가 되고자 했던 모습이, 바로 지금 그대의 모습이라고 주장하라. 이렇게 한다면 그대는 찬양의 노래를 부르면서 절름거리는 그대의 세상으로부터 자유의 세상을 향해 뛰어오르게 될 것이다. ―네빌 고다드

매일 감사

오늘 나의 하루는 이렇게 감사로 물들었습니다.

■

■

■

28

내가 꽃피워야 할 것

가야 할 길이 선연하게 드러나지 않아 불안과 두려움의 안개가 미세먼지처럼 알게 모르게 틈입해 올 때면, 나 자신을 향해 가만히 속삭여 봅니다.

"두려워할 것은 아무것도 없어. 네 안에 이미 내장된 신성을 꽃피우는 일, 그것이 바로 너 자신의 데스티니야. 밖에서 무엇을 찾고 구해서 네가 더 온전하게 채워지는 것은 아니지 않아? 꽃피워야 할 씨앗을 어디 바깥에서 주워다가 외래종을 네 안에 이식시키는 것이 아니라, 네 안에 이미 있는 씨알을 발아시키고 가꾸고 키워야 한다는 것, 그래서 마침내 꽃을 피워야 하고 피우게끔 예정되어 있다는 것, 너무나 밝디밝은 진실이 아니야? 그러니 이젠 누군가를 흉내 내려고 하는 짓은 그만둬. 무엇인가를 탐하여 그것으로 너를 채우려고 들지도 마. 일용할 양식만 있으면 그것으로 충분한 거야. 어느 누구와도 비교하거나 저울질하지 말고, 너 자신을 살아."

새가 지저귀고 풀벌레가 우는 것은
모두가 자기의 마음을 전하는 것이고,
곱고 아름다운 꽃봉오리와 풀빛 또한
도(道)를 표현하는 문장이 아닌 것이 없다.
배우는 사람은 모름지기 마음이 맑고 밝아야
가는 곳곳마다 깨닫는 것이 있으리라.

—채근담

오늘 나의 하루는 이렇게 감사로 물들었습니다.

■

■

■

29

진정한 환대

사람과 사람이 칡넝쿨처럼 얽혀서 살아가는 세상에서, 자기 자신의 이익과 손해를 따지지 않고 사람을 있는 그대로 바라보아 주는 일은, 어렵지만 가장 도전해 볼 만한 일이 아닌가 싶습니다. 누군가가 자기 자신을 높이 평가해 주어도 우쭐하지 않고, 자신을 홀대하고 낮춰 보아도 흔들리지 않는 평정심으로 살아가기 위해서는 무엇보다도 다른 사람들을 있는 그대로 바라보아 주는 연습을 게을리하지 말아야 할 것입니다.

정현종 시인의 「방문객」이라는 시는, 다른 사람을 있는 그대로 열린 마음으로 받아들이는 일이야말로 그 사람에 대한 최상급의 예우임을 잘 보여줍니다.

사람이 온다는 건
실은 어마어마한 일이다.
그는
그의 과거와 현재와
그리고

그의 미래와 함께 오기 때문이다.
한 사람의 일생이 오기 때문이다.
부서지기 쉬운
그래서 부서지기도 했을
마음이 오는 것이다—그 갈피를
아마 바람은 더듬어 볼 수 있을
마음,
내 마음이 그런 바람을 흉내낸다면
필경 환대가 될 것이다.
—정현종의 「방문객」

인간이라는 존재는 여인숙과 같다. 매일 아침 새로운 손님이 도착한다. …누가 들어오든 감사하게 여겨라. 모든 손님은 저 멀리에서 보낸 안내자들이니까. —잘랄루딘 루미

매일 감사 오늘 나의 하루는 이렇게 감사로 물들었습니다.

■

■

■

30

그대 안의 보름달

달은 차오르고 이지러지고 차오르고 이지러지지만
우리 눈에 그렇게 보일 뿐입니다.
달은 변하지 않습니다.
달과 지구와 태양의 삼각관계에 의해 그렇게 보이는 것일 뿐,
달은 단 한 차례도 자기 모양을 찌그러뜨린 적이 없고,
자신을 채우거나 비운 적이 없습니다.
언제 어느 때라도, 달은 '꽉 찬 보름달'입니다.

우리의 존재 또한 마찬가지입니다.
우리는 언제나 '꽉 찬 보름달'입니다.
하지만 겉모습의 우리는,
보름달인 경우가 아주 드뭅니다.
대개는 어딘가가 부족하다고 생각하고,
그 부족함을 채우기 위해 애쓰면서 살아갑니다.
나도 부족하고, 너도 부족하다고 생각하면서,
그것을 채우려고 노력하면서 살아갑니다.

자기 자신을 이제 막 떠오르는 초승달로 여기든,
이지러지기 시작한 조각달로 여기든,
우리 모두는 이미 '꽉 찬 보름달'입니다.
자기 자신을 '꽉 찬 보름달'이라고 생각하기 시작하면,
인생이 달라집니다.
자기 자신뿐만 아니라 우리 모두가 '꽉 찬 보름달'입니다.
조금도 부족함이 없는 '신의 거룩한 자녀들'입니다.

'꽉 찬 보름달'은 자기가 반달이라거나 조각달이라고
자기 자신을 비하하지 않습니다.
다른 사람들이 반달이나 조각달로 보이더라도
겉모습이 그렇게 보이는 것일 뿐,
본래의 모습이 아니라는 것을 알아차립니다.
본래의 모습이 아니라는 것을 알면, 쉽게 용서할 수 있습니다.
자신의 실수와 잘못에 대해서도, 쉽게 용서할 수 있습니다.
쉽게 용서하고, 본래의 '꽉 찬 보름달'로
다시 또 살아갈 수 있습니다.

"난다는 것은 갈매기들의 당연한 권리입니다. 자유라는 것은 우리들의 됨됨이 자체입니다. 자유를 누리는 데에 방해가 되는 것은 무엇이든 걷어치워야 합니다. 종교적인 의식이든, 미신이든, 난 이렇게밖에 할 수 없다는 생각이든……."

"나는 완전한 새다. 시간과 공간을 뛰어넘어 언제나 어디에서나 자유로

운 새다. 그것이 나의 참모습인 거다."

"너에게는 자유가 있어. 어느 누구도 아닌 바로 너 자신, 참다운 너 자신이 될 자유 말이다. 그 무엇도 너의 앞길을 방해할 수는 없어. 이것이 위대한 갈매기가 되는 법이야."

—리처드 버크, 『갈매기의 꿈』

오늘 나의 하루는 이렇게 감사로 물들었습니다.

■

■

■

31

사람은 누구나 섬이 아니다

언제 어디에서 무엇을 하든,
우리는 결코 혼자가 아닙니다.
눈을 감고 있든 뜨고 있든,
잠을 자고 있든 깨어 있든,
우리는 늘 우리를 지켜주는 사랑의 천사와
함께하고 있기 때문입니다.

절해의 고도에 외따로 떨어진 듯한 외로움으로
진정한 소통을 갈망하는 상태에 있을지라도,
우리는 결코 혼자 있는 것이 아닙니다.
언제라도, 어디에서라도, 우리가 단지 머릿속 헤아림을 멈추고,
느낄 태세를 갖추기만 한다면,
당장에라도 사랑의 봄바람이
내 존재의 옷자락에 와 닿는 것을 감지할 수 있습니다.

천만 개의 눈을 환히 치뜨고 있는 벚꽃 만개한 어느 봄날에,

따사로운 햇살을 전신으로 받고
뜨락에 서 있는 것 같은 존재의 충만감을,
우리는 누구나, 아무리 후미진 지구의 구석에서라도
언제든 감지할 수 있습니다.
지구는 둥그니까 어디나 다 중심이어서
후미진 구석이라는 것 자체가 있을 수 없다는 것이
그 첫째 이유이고,
우리 자신이 어떠한 상황에 처하든 사랑의 천사는
우리 자신과 떨어질래야 떨어질 수 없다는 것이
그 둘째 이유입니다.

언제 어디에서나 우리들 각자가 서 있는 자리를
우주의 중심으로 삼고,
사랑의 천사가 내뿜는 그 따사로운 입김 속에서
존재의 지복감을 체험할 수 있습니다.

언제 어디에서나 우리와 함께하는 사랑의 천사로 인해,
우리는 사실 사생활을 가질 수가 없습니다.
이 우주에는 누구도 숨을 수 있는 곳이 없습니다.
아무도 나를 지켜보지 않는 "은밀한 공간"이란 것은
존재할 수 없습니다.
나만의 비밀이 있다고 생각하면서
그 비밀을 마치 무슨 보물인 양 여기는 것을

말릴 사람은 아무도 없습니다.
그것은 혼자만의 착각임이 분명한, 혼자만의 자유입니다.
아무리 혼자만의 시간과 공간 속으로 도망쳐 들어가도,
거기에는 이미 사랑의 천사가 와 있을 것이기 때문입니다.

사랑의 천사는 빛의 속도보다 빨라서,
어느 누구도 따돌릴 수가 없습니다.
사랑의 천사의 그런 성품을 두고,
스토킹을 당하는 듯한 불쾌감을 가질 수도 있습니다.
내 자유를 침범당한다고 생각하고,
"날 좀 내버려둬!"라고 소리를 지를 수도 있습니다.

그러나 사랑의 천사는 내가 무슨 짓을 하든,
최악의 지옥을 나 자신의 삶 속에 끌어들인다 할지라도
나를 나무라거나 벌하지 않습니다.
사랑의 천사는 아무런 한계가 없는 사랑으로
나를 지켜보기 때문입니다.

사랑의 천사, 눈을 감고 그의 존재를 느껴 보아요.
사랑의 천사는 책상 서랍 속에서 튀어나올 수도 있고,
당신이 망연히 시선을 던지고 있는 어둠 속에서
당신에게 손길을 내뻗어 올 수도 있습니다.
그의 시선이, 그의 손길이 당신에게 가 닿는 순간,

당신의 삶은 젖과 꿀이 흐르는 낙원으로 변모합니다.
전신으로 사랑을 받는 당신은
전신으로 사랑을 노래하기 시작할 것이기 때문에.

사랑의 천사, 그는 언제 어디에나 존재합니다.
우리가 느낄 준비를 갖추기만 하면.

오늘 밤, 큰 사랑이 당신을 덮칠 것입니다.

"진정으로 사랑하지 않는 일은 어떤 것도 하지 마십시오. 우리는 진정으로 사랑하지도 않는 일을 하면서 많은 시간을 낭비해 왔습니다. 의무감으로, 누군가를 기쁘게 하기 위해 싫은 마음으로 어쩔 수 없이 말입니다. 이제 그것으로 충분합니다. 낭비할 시간이 없습니다."

—우 조티카, 『마음의 지도』

오늘 나의 하루는 이렇게 감사로 물들었습니다.

■

■

■

32

자기 자신을 껴안아 주기

누가 어디에서 무슨 짓을 하든, 잘못된 인생은 없습니다. 우리 모두는 인생 수업을 하고 있는 중이니까요.

피아노를 배우는 아이가 건반을 좀 잘못 건드렸다고 해서 선생님이 크게 벌을 내리는 일은 없습니다. 레고블럭을 가지고 노는 아이가 블럭을 허문다고 해서 선생님이나 부모님이 아이를 혼내는 일은 없습니다.

인생의 모든 것은 우리가 가지고 노는 장난감들입니다. 돈도, 명예도, 권력도 장난감들이지요.

장난감을 좀 잘못 다루었다고 해서 너무 심하게 나무랄 일은 아닙니다. 호되게 자기 자신을 몰아칠 일이 아닙니다. 오히려 틈이 날 때마다 자신을 으스러지게 껴안아 줄 여유를 가져야 합니다.

변화는, 사랑의 빛이 작용할 때만 찾아옵니다. 봄햇살이 얼어붙은 나무들을 깨워 꽃을 피우듯이, 사랑의 햇살만이 만물의 싹을 틔우고 키웁니다. 우리 자신에게도 그렇게 사랑의 봄볕을 쪼여 주어야 합니다.

떠날 때는 누구나 장난감을 두고 떠나야 합니다. 아무리 높고 크고 호화로운 빌딩을 소유하고 있었더라도 두고 가야 하고, 세계에서 제일 가는 기업의 창업자라 할지라도 다른 누군가에게 맡기고 가야 합니다.

우리가 가지고 갈 수 있는 것은, 우리가 정말 소중하다고 여기고 갖고 놀았던 우리의 장난감들을 통해서 우리가 배운 우리의 자질뿐입니다. 벌거벗은 채로 태어나서 벌거벗은 채로 돌아가지만, 우리의 성품은 태어났을 때와는 달라져 있을 것입니다.

그러니 마음놓고 활기발랄하게 놀다 간다는 마음으로 사는 일은, 마음에 여유를 가져다줍니다. 정성들여 레고블럭을 쌓았다가 일순간 허물어지는 일이 있더라도 자신을 너무 몰아치지 맙시다. 오히려 자신을 힘껏 껴안아 줍시다.

사람들이 갖고 있는 문제의 대부분은 세상에서 가장 큰 기적이 바로 자기 자신이라는 사실을 잊어버린 데서 비롯됩니다. 우리는 기적을 찾아 온 세상을 헤집고 돌아다니지요. 신성한 장소를 방문하고, 구루나 선생이나 다른 누군가를 찾습니다. 이것은 단지 우리 자신이 누구인지를 잊어버렸기 때문입니다. 아침마다 거울 앞에서 당신 자신에게 미소 지으세요. 당신이 할 수 있는 가장 좋은 말을 하고, 부드럽고 사랑스럽게 당신의 눈을 들여다보세요 ―바탈리 기베르트, 『미래 모델링』

매일 감사 오늘 나의 하루는 이렇게 감사로 물들었습니다.

■

■

■

33

사랑의 백그라운드 느끼기

장님 아내를 둔 남편이 있었습니다. 남편은 집안에서만 지내면서 답답해하는 아내에게 뒤늦게나마 배움의 길을 권했고, 아내는 마침내 대학 부설의 사회교육 강좌에 등록을 하고 새로운 활력을 얻게 되었지요. 일주일에 세 차례씩 남편은 아내를 위해 버스 정류장까지 배웅을 해주었습니다. 돌아오는 길을 위해서는, 길잡이 노릇을 해줄 동료 학생을 따로 정해 놓았지요.

길이 익숙해지게 된 무렵의 어느 날, 남편이 말했습니다. "여보, 이제부턴 당신 혼자서 길을 나서야 할 것 같아. 일이 너무 바빠져서 말이야. 혼자서도 잘할 수 있지?"

아내는 섭섭했지만, 남편의 어깨에서 조금이라도 짐을 더는 일이 될 것 같아 쾌히 그러마고 했습니다. 하지만 남편의 손을 잡고 다니던 때와는 비교할 수 없이 불편했지요. 길을 나설 때마다 여인의 얼굴에는 알지 못할 불안과 걱정이 떠돌았고, 그것은 어쩔 수 없는 일 같았습니다.

혼자 나다녀 버릇한 지도 어느덧 한 달이 넘었습니다. 어느 날, 버스에 오른 여인은 난감했습니다. 잔돈을 준비하지 못한 것을 뒤늦게야 알았기 때문이지요. 당황해하는 그녀를 보고, 운전사가 말했습니다.

"기다려 줄 테니 얼른 당신 남편에게 잔돈을 좀 받아 오구려."

"남편이라구요?"

"저기 서 있는 사람이 당신 남편 아니우? 맨날 저기 서서 지켜보던데. 아직 가지 않고 있으니 얼른 내렸다가 남편에게 잔돈 받아가지고 다시 타세요."

남편은 아내가 못 미더워 정류장까지 뒤따라 나와서, 늘 지켜보고 서 있었던 것이지요. 그 순간 그녀의 얼굴에는 함박 웃음이 번져났습니다. 따뜻한 염려의 시선으로 늘 자신을 지켜보았을 남편이 너무도 고마웠습니다.

내가 알든 모르든 누군가 나를 사랑으로 지켜보는 이가 있다는 것을 아는 것처럼, 마음 든든한 일이 있을까요? 점심 도시락을 챙겨오신 엄마가 어디에선가 지켜보고 계실 것임을 아는 아이는, 100미터 달리기에서든 기마전에서든 젖 먹던 힘까지 다할 수 있습니다. 하지만 아무도 지켜보는 이가 없는 아이는 일등을 해도 나사가 빠진 듯 허전하고 힘이 없어 보입니다.

인생길에서 사랑의 응원꾼처럼 소중한 것은 없습니다. 그러기에 빅토르 위고는 "삶의 가장 큰 행복은 우리 자신이 사랑받고 있다는 믿음에서 온다"고 했지요. 건강하고 풍요로운 삶은 사랑을 주고받는 것에서 시작되고, 사랑을 주고받는 데서 끝납니다. 사랑의 주고받음이 원활한 삶이야말로 싱싱한 건강미가 넘쳐나는 삶입니다. 칼 메닝거 박사는 말했지요. "사랑은 인간을 치유한다. 주는 사람과 받는 사람

모두를."

마찬가지로, 건강하지 못한 삶의 배경에는 늘 '사랑의 부재'가 자리합니다. 채워지지 않는 외로움과 허기증 때문에 알코올에 빠져들고, 쇼핑 중독에 빠져듭니다. 사랑받지 못하고 있다는 자책감과 괴로움이 증오의 화살이 되어 사방팔방으로 날아가고, 그 독 묻은 화살은 다시 나에게로 돌아와 나의 오장육부를 해칩니다.

주고받는 것의 균형을 맞추는 것 또한 어려운 일입니다. 주는 것만큼 받지 못한다는 피해 의식을 느끼기가 쉽고, 피해 의식이 지나치면 배반감이 되어 가슴앓이로 이어집니다. 인간에 대한 환멸감으로 심화되기도 하지만, 그렇다고 해서 사람이 모여 사는 세상을 떠날 수도 없는 노릇이지요.

하지만 절대로 배반감을 느끼지 않을 수 있는 사랑, 항상 주는 것 이상으로 받을 수 있는 사랑, 넘쳐나게 받으면서도 돌려주어야 한다는 의무감에 시달리지 않아도 되는 사랑이 있습니다. 당신이 마음만 먹으면 언제 어느 때라도 그의 품으로 돌아가 안길 수 있는 사랑이 있습니다. 인간의 것과는 감히 비교할 수 없을 정도로 크고 넓고 깊고 오묘한 사랑이 있습니다. 치유의 기적이 발휘되지 않는 것이 오히려 이상한, 위대한 힘을 가진 사랑이 있습니다.

사실, 당신은 그 사랑으로부터 도망칠 수도 없습니다. 눈을 감고 있든 뜨고 있든, 잠을 자고 있든 깨어 있든, 당신은 늘 당신을 지켜주는 그 사랑의 천사와 함께 있으니까요. 언제 어디에서나 당신이 어떠한 감정에 사로잡혀 있든, 사랑의 천사는 늘 당신을 지켜보고 있습니다.

당신을 늘 지켜주고 있는 사랑의 천사를 한 번 느껴 보십시오. 아무런 조건도 필요치 않습니다. 특정한 자세를 취해야 하는 것도 아닙니다. 너무나도 간단합니다. 단지 당신의 머릿속 헤아림을 멈추고, 정수리 위로 내려앉은 사랑의 따스한 기운을 느끼기만 하면 됩니다.

그 사랑의 기운에 접속해 본 적이 있는 사람은 알 것입니다. 절해의 고도에 외따로 떨어져 있는 사람이라 할지라도, 실은 결코 혼자 있는 것이 아님을. 모든 판단을 내려놓고 그저 느낄 태세를 갖추기만 하면 당장에라도 사랑의 봄바람에 몸을 적실 수 있는데도, 눈 귀 코 혀를 다른 곳에다 팔아버리기 때문에 가장 소중한 보물을 늘 놓치고 산다는 것을. 가장 가까운 곳에 보물을 두고서도 눈에 보이는 바깥의 대상만을 찾아 헤매기 때문에 끝도 없는 방황이 이어진다는 것을.

감사하는 마음은 그 자체가 하늘에 올리는 기도이다. 내면에서 우러나오는 고마움을 사심 없이, 기쁨으로 표현하는 것은 우리에게 주어진 삶과 그러한 삶을 가능하게 해주신 위대한 섭리에 대한 찬양이기 때문이다. —잭 켄필드

오늘 나의 하루는 이렇게 감사로 물들었습니다.

■

■

■

34

그가 있어서 감사합니다, 행복합니다

그림을 그린 8년 동안 800점을 그렸지만, 살아생전에는 단 한 점의 그림밖엔 팔린 적이 없었던 사람. 37세의 젊은 나이에 세상을 떠난 이후로는 세상의 누구보다도 더 많이 인용되는 화가 중의 화가. 반 고흐가 있어 나는 감사하고 또 행복합니다.

가난에 시달리고, 무명(無名)에 시달리고, 그림을 그리고 싶은 열정에 시달렸던 고흐는 이렇게 말했지요. “대부분의 사람들의 눈에 나는 무엇일까? 아무것도 아니지. 별볼일 없고 유쾌하지 않은 사람. 지금도 그렇고 앞으로도 절대 사회적인 지위를 가질 수 없는, 짧게 말해 바닥 중의 바닥인 사람. 설령 이 모든 것이 틀림없는 진실이라고 해도, 언젠가는 내 작품을 세상에 선보이고 싶다. 이 보잘것없고 별볼일없는 내가 가슴에 품은 것들을.”

그가 그렇게도 바랐던 것처럼 그의 그림들은 세상 사람들의 마음을 어루만지면서, 그가 세상 누구보다 가슴이 따뜻했던 사람이라는 것을 실감하게 해주고 있습니다.

그가 그린 「별이 빛나는 밤」의 소용돌이치는 밤하늘을 바라보노라면, 그가 동생 테오에게 썼다는 편지의 한 구절을 떠올리게 됩니다.

"밤하늘의 별들은 언제나 나를 꿈꾸게 한다. 프랑스 지도에 나타난 까만 점들로 가려면 기차를 타면 되지만, 저 별들에게로는 왜 갈 수 없는 것일까. 늙어서 평화롭게 죽는다는 건 별까지 걸어가는 것이겠지."

나는 내 삶에 대해 어떤 확신도 갖고 있지 않다. 하지만 별들의 풍경은 나를 꿈꾸게 한다.

—반 고흐

감사하는 마음은 당신을 자라게 하는 자양분이다.
감사하는 마음은 당신의 삶뿐만 아니라
당신 주변 사람들의 삶에
기쁨과 웃음을 배달해 준다.

—에일린 래디

백일 감사 오늘 나의 하루는 이렇게 감사로 물들었습니다.

■

■

■

35

기쁨이 샘솟는 자리

나는 내가 너무 좋다, 나는 이 일이 너무 좋다, 나는 이 사람이 너무 좋다, 나는 이 시간이 너무 좋다는 충만감이 결여된 채, 하루하루를 누군가에게, 보이지 않는 운명의 신에게 끌려다니는 것 같은 삶을 살고 있다면, 인생길이 잘 닦이지 않은 것입니다. 기쁨은 '통하는' 데서 샘 솟습니다. 사람과 사람 사이, 사람과 자연 사이, 사람과 하늘 사이의 길이 잘 통하고 있는지 성찰하는 시간을 가져야 합니다.

우리 몸 안에도 꼬불꼬불 많은 길이 놓여 있지요. 음식물이 지나다니는 길, 피가 지나다니는 길, 숨이 들고 나는 길, 자극과 반응이 지나다니는 길……. 내가 일일이 명령하지 않더라도 그 길을 피와 산소가 부지런히 오가면서 내 생명을 생명답게 유지해 가고 있다는 것은 얼마나 고마운 일인가요.

많은 사람이 행복을 기다리면서 살아갑니다.
그러나 미래란 행복이 찾아올 수 있는 시간이 아닙니다.
어디에서 무슨 일을 하든, 그 일을 존중하고 충분히 받아들이면,

그리고 지금 가진 것을 완전히 받아들이면,
가진 것에 대해 감사하고, 있는 그대로에 대해 감사하게 됩니다.
현재의 순간에 대해 감사하면서
지금 충만한 삶을 사는 것이야말로
더없는 행복입니다. 그것은 미래에 오는 것이 아닙니다.
그러고 나면, 언젠가 행복이 여러 가지 모습으로
우리에게 드러날 것입니다.

—에크하르트 톨레, 『지금 이 순간을 살아라』

오늘 나의 하루는 이렇게 감사로 물들었습니다.

■

■

■

36

나에게 감사

낮은 우리의 의지를 발동하여 활동하는 시간이지만, 밤은 의지를 내려놓고 휴식하는 시간입니다. 잠자는 동안에도 숨은 쉬어지고, 심장은 뛰고, 피는 여전히 온몸을 순환하지만, 그것은 나도 모르는 또 하나의 내가 하는 일들이지요. 밤에는 우리 자신을 겸허하게 비우고, 그 시간을 신께 바치면서, 평화의 잠, 희망의 잠을 재워 주실 것을 청해야 합니다.

콩 심은 데 콩 나듯, 사랑을 심으면 사랑의 열매를 맺습니다. 이러한 원칙은 자기 자신에 대해서도 마찬가지입니다. 자신에게도 사랑과 감사의 씨를 뿌려야 합니다. 낮 동안 애쓴 자기 자신에게 감사하고, 이젠 그만 쉬어도 좋다고 허락해 봅니다. 머리에서부터 발끝까지, 신체의 기관과 장기를 하나하나 떠올리면서 사랑과 감사를 전하여 봅니다. 뇌 속의 혈관과 신경 세포들에게 사랑과 감사를 전하고, 눈 귀 코 혀에게 수고 많았다고 마음으로 어루만져 주는 것입니다. 심장과 허파와 간장과 위장에게, 소장과 대장, 신장에게 쉬지 않고 애써 주는 데 대해서 감사합니다. 손과 발에게도 내색을 하지 말고 수고해 준 데 대해 감사합니다.

하루의 괴로움과 번민은 하루로서 족합니다. 그러니 낮 동안의 근심과 불안, 피곤증은 잠을 청하기 전에 다 날려 보냅시다. 잊어야 할 것들은 깨끗이 잊고 새날을 맞을 수 있도록 머리에서부터 발끝까지 비워지는 상상을 해봅니다.

신의 사랑과 은총이 햇살처럼 나에게 쏟아지는 명상을 해봅니다. 이마로, 목으로, 가슴으로, 배로, 신이 주시는 은총의 햇살이 내려오는 모습을 떠올려 보십시오. 그 빛에 목욕을 하고, 더할 나위 없는 상쾌함 속에서 하루를 접도록 하십시오. 내일은 오늘보다 더 찬란한 햇살이 비칠 것입니다. 이 밤이 지나면 푸른 비늘 번뜩이는 생선 같고, 갓 목욕한 소녀의 가슴 같고, 신선한 배추 속잎 같은 또 다른 하루가 열릴 것입니다.

> 우리들 각자는 모두가 다 기적의 산물이다. 우리는 저마다 내면에 절대 꺼지지 않는 희망의 빛이 있기 때문에 살아간다.
> —오그 만디노

백일감사 오늘 나의 하루는 이렇게 감사로 물들었습니다.

■

■

■

37

삶은 축복이요 선물

도스토예프스키는 젊은 날 반역죄로 체포되어 사형선고를 받았습니다. "죄의 삯은 사망이요…" 신부의 성경 낭독이 끝나자 먼저 사형이 집행될 세 명의 죄수가 차례로 십자가에 입을 맞추었습니다. "사격 준비!"라는 구령이 떨어지고 북소리가 둥 둥 둥 울려 퍼졌습니다. 저격수들은 총을 어깨에 메고 방아쇠를 당길 준비를 했습니다. 바로 그 순간, 황제의 특사가 광장으로 바람처럼 달려 들어오며 외쳤습니다. "사형을 중지하시오!"

사형수들은 황제의 명령에 따라 사형을 면하고 시베리아 유형에 처해졌습니다. 도스토예프스키는 1,500일 동안 족쇄를 차고 강제노동을 했습니다. 감방으로 쓰인 허름한 건물의 짚더미에는 벼룩과 바퀴벌레가 들끓었고, 겨울에는 영하 40도까지 내려갔습니다.

시베리아 유형은 이 젊은 작가에게서 많은 것을 빼앗아 갔지만, 동시에 대단히 소중한 것을 안겨주었습니다. 수감생활 4년 동안 그는 강제노동과 때를 알 수 없이 찾아오는 간질 발작으로 힘든 나날을 보냈지만, 온갖 부류의 인간들과 부대끼면서 인간의 본질을 성찰할 기회를 가졌던 것입니다.

그의 이런 체험은 『죽음의 집의 기록』과 『죄와 벌』 등 중기 이후의 작품에 여실히 드러나 있습니다. 그가 시베리아에서 보낸 험한 나날들은 이후의 화려한 부활을 위한 배태기였던 것입니다.

삶은 축복이요 선물이다. 일분에 불과한 시간도
영원한 행복이 될 수 있다. 잎새 하나, 빛 한 줄기까지 모두 사랑하라.
짐승들을 사랑하고, 초목들을 사랑하라.
모든 존재를 낱낱이 다 사랑하라.
신의 신비가 깃들이지 않은 것은 세상에 없다.

—도스토예프스키

오늘 나의 하루는 이렇게 감사로 물들었습니다.

■

■

■

38

실존이 곧 신비

춥고 황량한 1964년의 서울 거리, 별 희망도 없이 살아가는 세 남자가 우연히 어느 선술집에서 만나 별 의미도 없는 대화를 나눕니다. 김승옥의 단편소설 「서울 1964년 서울」은 현대인의 소외와 고독을 대변하는 듯한 이야기이지만, 그런데도 '나'라는 사내의 가슴에 숨겨진 생명에 대한 본능적인 사랑이 뜻밖에 노출됩니다. '안'이라는 사내가 '나'에게 꿈틀거리는 것을 사랑하느냐고 묻자, '나'는 그렇다고 대답한 뒤 이렇게 덧붙여 설명합니다.

"(친구와) 나는 출근 시간의 만원 버스 속을 쓰리꾼들처럼 안으로 비집고 들어갑니다. 그리고 자리를 잡고 앉아 있는 젊은 여자 앞에 섭니다. 나는 한 손으로 손잡이를 잡고 나서, 달려오느라고 좀 멍해진 머리를 올리고 있는 손에 기댑니다. 그리고 내 앞에 앉아 있는 여자의 아랫배 쪽으로 천천히 시선을 보냅니다. 그러면 처음엔 얼른 눈에 뜨이지 않지만, 시간이 조금 가고 내 시선이 투명해지면서부터 나는 그 여자의 아랫배가 조용히 오르내리는 것을 볼 수 있습니다…."

"오르내린다는 건……호흡 때문에 그러는 것이겠죠?"

"물론입니다. 시체의 아랫배는 꿈쩍도 하지 않으니까요. 하여튼…

나는 그 아침의 만원 버스칸 속에서 보는 젊은 여자 아랫배의 조용한 움직임을 보고 있으면 왜 그렇게 마음이 편안해지고 맑아지는지 모르겠습니다. 나는 그 움직임을 지독하게 사랑합니다."

숨을 들이쉬고 내쉬면 배가 오르락내리락 합니다. 백설공주도 마찬가지이고, 호동왕자도 마찬가지입니다. 살아 있다는 것은 숨을 쉼으로써 바깥 세계와 소통을 하는 것이지요.

살아서 숨을 쉬고 있다는 것, 숨을 쉬면서 떠오르는 태양을 바라볼 수 있고, 새들의 지저귀는 소리를 들을 수 있다는 것, 그것이 바로 기적 아닌가요?

> 신의 거주처는 두 곳이다. 한 군데는 하늘에 있고,
> 한 군데는 감사하는 사람의 따뜻한 가슴 속에 있다.
>
> —아이작 월튼

오늘 나의 하루는 이렇게 감사로 물들었습니다.

■

■

■

39

감사는 최상의 기도

세칭 일류 학교 출신의 단점은 자존심이 대단하여 그것이 자만으로 이어지기 쉽다는 것이지요. 자만은 깨어지고 부서져서 아픔을 겪을 만큼 겪은 후에야 비로소 "진정한 자존"으로 거듭날 수 있게 됩니다.

자녀가 일류 학교에 진학하기를 바라면서 백일 기도 등으로 정성을 올리는 경우가 적지 않습니다. 부모는 자녀가 성공과 행복을 거머쥐기 위해 일직선으로 달려가기를 바라지만, 그런 경우는 지극히 드뭅니다. 인생이란 그렇게 일직선의 길이 아님을 부모 스스로 잘 알면서도 자기 자녀만큼은 인생이 그렇게 일직선으로 달려가 부와 성공과 행복을 누리기를 바랍니다. 자녀를 향한 부모의 정성은 물론 기특하고 아름다운 일입니다만, 그것은 진실로 자녀를 위하는 일이 아닐 뿐만 아니라 자칫 신의 원대한 플랜을 방해하는 일이 될 수도 있습니다. 낙방의 쓴잔을 마심으로써 더욱 더 겸허해져서 자기 자신을 새롭게 시작하는 계기가 되었다면, 그것은 쓴잔이 아니라 보약입니다.

세상에는 화가 복이 되고, 복이 화가 되는 변화가 다반사로 일어납니다. 일방적으로 복만이 계속되는 경우는 거의 전무하며, 앞의 화를 경험하지 않고서는 뒤의 복이 이어질 수 없는 경우가 대부분입니다.

그러니 신의 원대한 계획 앞에서는 침묵의 기도가 최선일 수밖에 없지 않을까요?

어떤 현자는 이렇게 말합니다. "뭔가를 얻기 위해 기도를 하면 그 기도는 욕망으로 더럽혀진다. 그런 기도는 기도가 아니다. 참된 기도는 참나를 깨달을 때만, 그대가 요구하기 전에 신이 이미 그대에게 준 것을 깨달을 때만 저절로 일어난다. 그대가 이미 받은 것을 깨달을 때, 무한한 근원이 그대에게 주어졌다는 것을 깨달을 때, 기도가 우러나온다. 이때 그대는 신에게 '감사합니다'라고 말한다. 순수한 감사밖에 다른 기도는 없다."

> 감사한 마음을 잠자코 하늘에 올려 보내는 것이야말로
> 가장 완벽한 기도이다.
> —갓필드 레싱

백일 감사 오늘 나의 하루는 이렇게 감사로 물들었습니다.

■

■

■

40

마지막 잎새는 떨어지는 법이 없다

“그래도 아직 마지막 잎새가 남아 있네. 하지만 오늘은 결국 떨어지겠지. 동시에 나도 죽을 거고…….”

「마지막 잎새」의 작가 오 헨리는 어린 시절 부모를 잃고 학교도 제대로 다니지 못할 정도로 불우한 시절을 보냈습니다. 밑바닥 생활을 하다가 결혼도 하고 은행에 근무하게 되어 가까스로 안정을 찾았지만, 공금횡령으로 고소를 당해 남미의 온두라스로 도망가는 신세가 되었습니다. 하지만 폐결핵에 걸린 아내가 중태에 빠졌다는 소식을 듣고 미국으로 돌아오던 길에 체포되어 3년간 교도소 생활을 했습니다. 수감 생활을 하던 중에 아내를 잃은 아픔을 겪기도 했지만 펜을 놓지 않았습니다.

명작 『돈키호테』도 해군 장교로서 부정을 저지른 세르반테스가 감옥에 갇혀 있는 동안 구상되고 집필되었습니다.

감옥을 창작의 산실로 만들었던 그들의 마음속에는, 그래도 그래도 글을 쓸 수 있다는 감사의 마음이 자리잡고 있었지 않았을까요?

체포되어 정신없이 구치소로 끌려갔을 때 한동안 신앙심이 흔들렸다. 왜냐하면 그분이 가슴속에 품고 있는 뜻을 알 수 없었기 때문이다.

그래서 한동안 비틀거렸고, 가슴속으로 그분에게 울면서 소리쳤다. '도대체 왜 이런 일이 나에게 일어난 것입니까? 내 나라 인민을 위해 일할 사명감이 나에게 있으며, 이 일을 다할 때까지 당신의 보호를 받아야 한다고 믿어왔습니다. 그런데 왜 지금 나는 이곳에서 이러한 벌을 받아야 합니까?' 하루가 지나고 이틀이 지나고 사흘이 지나면서 내 안에서 어떤 목소리가 들렸다. '기다려라 그리고 보아라.' 나는 점차 평온을 되찾았고, 기다렸다.
이 격리 속에서 최초의 깨달음, 첫 번째 교훈이 내게로 왔다. 내가 체포되기 한 달 전쯤 어떤 음성이 나에게로 왔던 것을 기억할 수 있었다. 그 음성은 일체의 활동을 그만두고 은둔으로 들어가 내 안을 들여다보고 그래야 그분과의 좀 더 밀접한 접촉을 가질 수 있을 것이라고 말씀하셨다. 그러나 그 음성을 처음 들었을 당시 나는 약했고, 그래서 부름에 응할 수 없었다. 내가 하던 일은 나에게 너무나 소중했으며, 내가 그곳에 없으면 그 일은 타격을 받고 실패하거나 심지어는 중단될 것이라고 생각했다. 그래서 결국 감옥에 갇히는 상황이 된 것이다.

—오로빈도 고슈, 『유쾌한 감옥』

오늘 나의 하루는 이렇게 감사로 물들었습니다.

■

■

■

41

때로는 낯선 타인처럼

분주하기만 한 삶의 현장에서 한 걸음 물러나 보십시오. 나뿐만 아니라 세상의 모든 것이 일시에 움직거림을 멈추었다고 생각합니다. 화면을 정지시키는 것처럼, 내가 몸과 마음을 담그고 있었던 그 모든 인간관계의 그물에서 잠시 잠깐만이라도 떠나 보는 것입니다. 이것은 저것을 낳고, 저것은 그것을 낳는 끝없는 순환의 사슬에서 잠시 잠깐만 몸을 빼내 보십시오. 웃고 울고 찡그리는 삶의 커다란 줄거리에서 벗어나서, 일상 속의 나 자신을 지켜보는 또 다른 내가 되어 보십시오.

세상사라는 것이, 사실은 그런 정지 화면의 연속인지도 모릅니다. 우리들 각자가 거기에 의미를 갖다 붙이는 것뿐입니다. 우리가 그 화면들에 의미를 부여하여 동분서주할 뿐, 거대한 시간과 공간 속에서는 속절없이 스러져 없어질 화면의 연속만이 존재합니다. 그림자 같고 물거품 같고 아침 이슬 같은, 덧없는 동작의 연속이 있을 뿐입니다.

'멈춤' 단추를 누르고 정지 화면으로 들어가 태초의 낯설음으로 자기 자신과 세상을 바라보는 시간을 가져보십시오. 부모가 그때 그 시간 만나서 사랑을 나누지 않았더라면, 부모의 부모가 또 그렇게 사랑을 나누지 않았더라면…, 참으로 기이한 인연의 연속 동작 속에서

나 자신이 태어났음을 실감하게 되면, 존재 자체가 기적이 됩니다! 살아서 숨쉰다는 것 자체가 기적이 아니고 무엇이란 말입니까?

무엇인가를 이루기 위해 안간힘을 다하고, 뜻대로 되지 않는다고 성화를 부리고, 자신을 못마땅해하며 재우치는 것마저도, 너무도 기이하지 않은가요? 백 년 동안 잠자던 공주가 왕자의 손길 한 번에 부스스 눈을 뜨고 세상을 바라보는 것처럼, 그런 낯설음으로 나 자신과 세상을 바라보십시오.

이것이 삶의 본바탕입니다. 생명 자체가 기적인 태초의 정지 화면을 삶 속에서 문득문득 되살릴 수만 있다면, 우리네 삶은 놀라운 기적이 될 것입니다. 더 이상 안 되는 것에, 못마땅한 것에, 불만족스러운 것에 힘을 부여하지 않을 수 있게 될 것입니다. 찡그리고 울고 분노하는 나 자신마저도 사랑할 수 있게 될 것입니다.

순수하게 사랑하기, 그것은 자기가 사랑하는 것과 자기 자신 사이의 거리를 인정하는 것이며, 그 거리를 소중하게 여기는 것이다.

—시몬 베유

백일 감사 오늘 나의 하루는 이렇게 감사로 물들었습니다.

■

■

■

42

나에게 속삭이는 위안의 말

분주하게 오가면서 세상살이에 애쓰는 나 자신을 또 하나의 눈으로 살피면서, 당신 자신에게 속삭여 보십시오.

"아이야, 너는 참으로 수고하고 애쓰고 있구나. 네가 그렇게 안 되는 것을 되게 하려고, 갖지 못한 것을 가지려고, 누리지 못한 것을 누리려고 안간힘을 다하는 것은, 네가 그만큼 삶을 사랑하고 있다는 증거란다. 너의 사랑은 참으로 크구나. 하지만 이제는 그 사랑의 방법을 좀 바꾸어 보려무나. 밖으로만 뻗어 나가려 애썼던 그 사랑의 수고를, 이제는 안으로 돌리려무나. 너는 삶을 너무도 사랑한 나머지 그것을 차지하고 누리기 위해 애써 왔지만, 정작 너 자신에 대한 사랑은 잊고 있었다. 너 자신을 억누르고, 재촉하고, 강요하고, 때로는 찢어발기기까지 하면서, 무엇인가를 이루기 위해 애써 왔다. 그런 너 자신이 가엾지도 않느냐? 이제는 사랑을 너 자신에게로 돌릴 때도 되지 않았느냐?"

수고하고 무거운 짐을 졌던 나를 이제는 부드럽게 쓰다듬고, 껴안아 주십시오. 남을 이기지 않으면 내가 쓰러진다고, 더 악착같이 굴지 않으면 내 몫이 없어지고 만다고 채찍질했던 나 자신에게 이제는 그만 멈추어도 좋다고 속삭여 주십시오.

입으로는 사랑은 소유가 아니라고 말하고 사랑이란 햇살 같은 거라고 주장하면서도, 몸으로는 사랑의 증거를 요구하고 보채 왔던 나를, 진정 사랑받는 아이이고 싶었던 나 자신을 이젠 억센 포옹으로 안아 주십시오. 언제까지나 널 사랑한다고 속삭여 주십시오.

한시도 널 잊은 적이 없다고, 네가 햇살 같고 바람 같은 내 사랑을 느끼지 못해서일 뿐이었다고, 우리는 떨어질래야 떨어질 수 없는 사이였다고 자신에게 속삭여 주십시오.

"신은 자신이 창조한 가장 작은 미물에게서까지도 사랑을 느낍니다. 의식 하나하나의 독특함과 사랑스러움을 알기 때문입니다. 신은 각자의 의식이 성취한 저마다의 진보를 보면서 승리자처럼 기뻐합니다. 자기 자신의 표현이기도 한 이들 각자의 가장 하찮은 창조 행위에도 크게 기뻐하고 즐거워하지요"

—제인 로버츠, 『세스 매트리얼』

배일감사 오늘 나의 하루는 이렇게 감사로 물들었습니다.

■

■

■

43

존재의 중심, 존재의 평화

숨을 천천히 들이쉬면서
숨길을 마음으로 가만히 지켜보십시오.
숨을 천천히 내쉬면서
숨길을 마음으로 가만히 지켜보십시오.
숨을 깊이 들이쉬고 내쉬면서
숨길을 지켜보는 것만으로도
마음은 놀랍도록 안정됩니다.

잔잔한 물가에 앉아 손에 잡힐 듯 내비치는
물속의 푸른 하늘을 바라볼 때처럼,
숨길을 고르고 가만히 앉아 있으면
존재의 깊은 평화를 맛볼 수 있습니다.

숨을 깊이 들이쉬고 내쉬면서
숨길을 지켜보는 시간은
존재의 중심으로 돌아가는 시간이기도 합니다.

들이마시고 내쉬는 호흡을 통해서
우리 모두는 하나입니다.
누군가가 내쉬는 공기를 내가 들이마시고
내가 내쉬는 공기를 누군가가 들이마십니다.
그렇게 이웃과 자연과 대기와 하늘이
모두 하나로 이어집니다.

우리들 각자는 우주라는 거대한 그림의
아주 작은 한 조각에 지나지 않을지 모르지만,
그 한 조각 속에는 전체가 반영되어 있기에,
한 조각은 전체이고 전체는 한 조각입니다.
세포 하나하나에도
나라는 존재의 설계도가 다 들어 있다지 않습니까?

그러니 "나는, 나는, 나는…"하고 내세울 필요가 없습니다.
내가 아니면 안 된다는 생각은,
손이나 발이 내 존재로부터 떨어져서
자신의 존재를 주장하는 것과도 같습니다.
분리될 수 있는 것은 아무 것도 없습니다.

저마다 웃고 울고 찡그리고 목소리 높이면서
자기 몫을 주장하고
자기의 존재를 증명하려고 애쓰지만

나눌 수 있는 것은 아무것도 없습니다.
이웃과 내가 하나이고,
적과 내가 하나이고,
지구가 하나이고,
우주가 하나입니다.
모두가 신의 한 부분이고, 한 조각입니다.

아주 아주 작은 한 조각이지만,
그 조각 속에는 신의 숨결이 스며들어 있습니다.
내 안에 살아 숨쉬는 신성한 그 힘을 잊고 지낼 때마다
나는 불행해집니다.
내 살림을 걱정하고,
내 영토의 비좁음을 한탄하고,
이웃들과 키재기를 하며 시샘합니다.

이웃과 내가 따로이고,
자연과 내가 따로이고,
신과 내가 따로라고 생각할 때,
나는 불행해질 수밖에 없습니다.
따로따로라는 생각이 고통을 낳고,
비극을 잉태합니다.
그럴 때마다 숨을 크게 들이쉬고 내쉬면서
스스로에게 물어보십시오.

"누가 숨을 쉬고 있지? 누구의 공기를 들이마시고 있지?
네가 너라고 주장하는 너는 누구지?"
숨 한 번 깊이 들이쉬고 내쉬는 그것으로
우리는 다시 한 번 근원에,
모두를 하나로 이어주는 신성한 힘에
연결될 수 있습니다.

밥 한 톨을 새김질하면서
어느 들녘의 햇빛과 비바람과 내가 하나가 되고
어느 농부의 땀과 내가 하나가 됩니다.

장미 한 송이의 꽃향기를 들이마시면서
장미와 내가 하나가 됩니다.

숨을 깊이 들이마시고 내쉬면서
가만히 앉아 있기만 해도
우리는 다시 한 번
존재의 중심자리로 들어설 수 있습니다.
존재의 중심자리에서 우리들 각자는
천상의 어버이의 거룩한 아이들입니다.
어버이의 정원에서 마음껏 웃고 떠들면서 뛰노는
신의 아이들입니다.

시원한 바람을 쐬고 물의 감촉을 즐기는 일,
아침의 산책과 저녁의 어슬렁거림으로 심신을 새롭게 하는 일,
밤하늘의 별을 보고 감격하고
새들의 둥지와 야생화를 보고 가슴 설레는 일,
이런 것들이 소박한 전원생활이 가져다주는 보상이다.

—존 버거

백일감사 오늘 나의 하루는 이렇게 감사로 물들었습니다.

■

■

■

44

사랑의 큰 손

웃음과 눈물, 보람과 한숨, 희망과 절망 사이를 오가며
운명의 무늬를 짜 나가는 그 속에,
사랑의 빛과 향기가 오가지 않는다면
우리네 삶은 공허한 그림자놀이에 지나지 않습니다.

사랑이 있기에 동터 오는 새벽이 가슴 벅찰 수 있고,
사랑이 있기에 봄바람에 움트는 잎새가 정겨울 수 있고,
사랑이 있기에 오가는 눈짓 하나 몸짓 한 번이 심상치 않을 수 있습니다.

삶에서 삶으로 이어지는 수천 수만 년의 기나긴 여정이라도
사랑이 없으면 죽음으로 가는 행진에 지나지 않습니다.

아무리 공허한 삶이라도 사랑의 문이 열리면
힘차게 맥박치기 시작합니다.

고독과 허무에 사로잡혀 천 년의 깊은 잠을 자던 사람도
사랑의 황금빛 화살을 맞으면 기지개 켜고 일어나
태양과 달과 별빛을 찬양하며
삶의 수레바퀴를 돌리기 시작합니다.

사랑은 삶 자체입니다.
나무들이 바지런히 양분을 빨아들이고
햇살과 바람을 버무려 꽃을 피우는 것도 사랑의 힘이요,
날마다 태양이 떠오르는 것이나
별들이 우주를 헤엄치는 것도 사랑의 힘입니다.
온갖 짐승들 풀어놓아 저희들끼리 새끼치고 뛰놀게 하는
창조의 자리에,
철새들 제 갈 길 찾아 날갯짓하게 하고
온갖 물고기들 바다를 헤엄치게 하는 생명의 자리에
사랑이 깃들어 있지 않다면,
그 모든 것이 무슨 소용이겠습니까?

별들을 풀어놓아 서로가 서로를 돌면서
천체의 교향악 연주하는 이 우주에
사랑이 함께 숨쉬고 있지 않다면,
그 모든 것은 그저 뜻없는
원자배열에 지나지 않을 것입니다.

지상에서의 사랑놀음은
우주적 사랑에 눈뜨라는 암호인지도 모릅니다.
아무리 사랑 신호를 보내도 거리가 줄어들지 않는 안타까움에
애간장을 녹이고, 모든 것을 다 걸었지만 알고보니
착시현상에 지나지 않았다고 낙담하고,
사랑의 줄다리기에 웃고 우는 그 모든 것은
아마도 사랑의 키를 키워 주기 위한
우주의 섭리일 것입니다.

한 알의 모래알 속에서 세계를 보고
한 송이 들꽃 속에서 천국을 본다.
당신의 손바닥 안에 무한이 들어 있고,
한 순간 속에 영원이 살아 숨쉰다.

—윌리엄 블레이크

백일감사 오늘 나의 하루는 이렇게 감사로 물들었습니다.

■

■

■

45

천 개의 선물

이제 겨우 네 살 된 아이가 그보다 더 어린 동생의 처참한 죽음을 목격합니다. 아장아장 걸음마를 시작한 동생이 집 앞 도로에서 트럭에 깔려 순식간에 주검이 되어 버린 광경을 지켜본 아이! 그 아이는 도대체 세상이란 것을 어떻게 소화시켜야 할까요? 언니를 놀리며 깔깔 웃어대곤 하던 동생이 싸늘한 시체가 되어 관 속에 담기고, 흙덩어리가 관 위로 떨어지는 광경을 지켜본 언니의 삶 또한 관 속에 담긴 것이나 마찬가지로 문이 닫혀 버립니다.

세월은 아이를 소녀로 키워주고 숙녀로 자라게 해주지만, 그녀의 눈은 아무리 주변을 둘러보아도 망가지고 부서진 세상에 대한 아픔만 차오를 뿐입니다. 도대체 신은 어디에서 무엇을 하고 계시는 것일까요? 그 모든 것은 무심한 조물주가 일을 제대로 하지 않고 있기 때문이 아닐까요?

이 지구에서는 사실 이런 상처를 경험하는 사람들이 적지 않습니다. 아무래도 이유를 알 수 없는 불편부당한 환경 속에서 신음하고 아파하는 사람들이 너무나 많습니다. 하지만 도저히 소화하기 불가능할 것 같은 상처에도 딛고 일어서는 사람들이 있는가 하면, 끝내 소화불량인 채로 신음하면서 살아가는 사람들도 있습니다. 상처가 아무는 과정을 통해 예전보다 훨씬 더 커진 소화력으로 살아갈 동력을 잃고 비틀거리는 사람들을 부축해주고 힘을 실어주면서 북극성 같은 가이드 역할을 하는 분들도 있지요.

어린 여동생의 처참한 죽음을 목격하면서부터 어둠의 긴 터널을 지나야 했던 그 아이는 훗날 『천 개의 선물』이라는 책을 통해, '삶의 화폭에 난 상처로 인해 커다란 구멍이 뚫려버린' 사람들에게 상처가 어떻게 삶의 꽃을 피우는 밑거름으로 쓰여질 수 있는지를 이야기합니다. 그런 아픔이 없었다면, 그 아이는 아마도 다른 상처 입은 사람들에 대한 공감대를 그만큼 키울 수가 없었을 것입니다. 삶을 바라보는 시선을 그렇게 깊어지고 넓어질 수가 없었을 것입니다. 상처가 난 바로 그 자리에서 더욱 더 아름다운 꽃이 피어난다는 것을, 앤 보스캠프는 평범한 일상의 나날 속에 깃든 기적을 통해 깨우쳐 줍니다.

"감사는 지상에서 가장 아름다운 메시지"라고 말하는 그녀는 자신이 '원하는 선물'이 아니라 '이미 가지고 있는 선물'의 목록을 적어 나가기 시작합니다. 그 선물 목록은 이런 식입니다.

* 낡은 마루바닥에 드리워진 아침 그늘
* 푹 떠서 토스트에 수북하게 올려놓은 잼
* 가문비나무 꼭대기에서 들려오는 까치 울음소리

그렇게 적어 나가기 시작하는 그녀의 입가에는 저절로 미소가 어립니다. 종이에 쓰기 전까지는 선물이라는 사실도 몰랐던, 흔하디흔한 것들을 적어 나가는 과정은, 삶의 배후에 계시는 그분께서 주신 사랑을 하나하나 확인하는 일이나 마찬가지였지요.

* 꽃집의 생명력 넘치는 이파리 냄새
* 꽃집 할머니의 무릎이 삐걱대는 소리
* 미친 듯이 머리칼을 헤집어 놓는 차가운 바람

식구들이 깊이 잠든 밤, 개 혼자서 잔디밭에 나와 차가운 보름달을 올려다보며 실없이 짖어대는 밤, 그녀는 '천 개의 선물'을 적게 될 날들의 첫 날에 적은 목록을 내려다봅니다. 그렇게 목록을 적어가며 그녀는 행복했습니다. 쏟아지는 은총의 큰 물결에 자기 자신을 내맡겼습니다.

당신이 지금 가진 것에 대해 감사하는 마음을 품을수록,
당신은 점점 더 감사할 거리를 더 많이 갖게 될 것입니다.

—지그 지글라

매일 감사 오늘 나의 하루는 이렇게 감사로 물들었습니다.

■

■

■

46

사랑이 날개를 펼 때

"사랑은 저 자신밖에는 아무것도 주지 않으며, 저 자신밖에는 아무것도 요구하지 않는다. 사랑은 소유하지 않으면 소유당하지도 않는다. 사랑은 사랑으로 충분하므로." (칼릴 지브란, 『예언자』 중에서)

사랑은 우리를 세상과 연결시켜 주고 우리를 살게 하는 원동력이지만, 쉽사리 충족되지 않는 것이 현실입니다. 사랑에 대해서는 늘 늘 늘 허기증에 시달리면서 살아갑니다. 겉으로는 사랑하는 사람들과 일들 속에서 살고 있는 것 같아도 그것으로 충분하다는 느낌을 갖지 못하기 일쑤이고, 오히려 '사랑의 날개 속에 숨은 칼'로 곧잘 상처를 입곤 합니다. 사랑을 먹고 자라야 함에도 불구하고 사랑은 때로 우리의 가지를 꺾어버리기도 하고, 심지어는 우리를 십자가에 못 박기도 합니다.

사랑 때문에 힘이 빠지고 마음이 괴롭다면, 그 사랑은 제 자리를 잡고 있는 것이 아닐 것입니다. 대상이 누구이든, 혹은 무엇이든, 사랑 속에 있을 때 우리는 더욱 더 강해져야 마땅합니다. 사랑은 진실로 우리를 지탱해주는 바탕이고, 우리를 살게 하는 에너지의 원천이기 때문입니다. 살아갈 동력을 상실하고 있다면, 무엇보다도 그는 사랑 안에 있지 않은 것이겠지요.

바쁜 나날 속에서 곧잘 번아웃에 빠지는 까닭은, 무엇보다도 우리가 그 일에 대한 사랑 안에서 살고 있지 않기 때문이라고 보아야 하지 않을까요? 사랑 안에서는 지치지 않습니다. 사랑 안에 있지 않으면서도 사랑을 쥐어짜려고 하기 때문에 지치는 것이지요.

가정폭력과 성폭력 피해자로서 암 투병으로 죽음의 문턱까지 다녀온 도나 마르코바는 자신의 책 『삶을 살지 않은 채로 죽지 않으리라』에서, '사랑 없이 애만 쓰는 삶'에 대하여 이렇게 질문합니다. "고양이를 만질 때, 털이 나는 반대 방향으로 쓰다듬으면 어떻게 될까? 나뭇결을 거슬러 목재를 다듬는다면 아름다운 가구를 만들 수 있을까?"

깊은 산속의 통나무집에서 자연과 친구하며 지내면서, 그녀는 '평생을 결에 맞지 않게 살아온' 자기를 돌아봅니다. 남들처럼 어딘가에 속하고 싶어서 고분고분하고 '착한' 사회 구성원이 되려고 애써 왔다고, 하지만 세상에는 고분고분 받아들일 수 없는 일이 참 많았다고, 그런 일을 자꾸 외면하다 보니 생명력이 점점 시들어갔다고, 부당하다는 느낌을 도저히 억누를 수 없을 때는 조직의 실세를 들이받았다고, 실세나 책임자가 없을 때는 누구라도 찾아내어 공격하기 일쑤였다고, 하지만 그러고 나서는 밀려오는 수치심에 몸부림쳤다고 고백합니다. 자기 자신이 비정상적이고 고집이 너무 세서, 남들처럼 어디에 속하지도 못한다고 생각했다는 것이지요.

자기 자신의 결에 맞지 않은 삶은 살아도 사는 것이 아니지요. 그것을 깨달은 그녀는 이런 시를 써서, 하루아침에 수많은 사람들의 공감대를 불러 모읍니다.

나는 삶을 살지 않은 채로는 죽지 않으리라.
넘어지거나 불에 델까 두려워하며 살지는 않으리라.
나는 나의 날들을 살기로 선택할 것이다.

내 삶이 나를 더 많이 열게 하고,
스스로 덜 두려워하고
더 다가가기 쉽게 할 것이다.
날개가 되고 빛이 되고 약속이 될 때까지
가슴을 자유롭게 열리라.

당신이 돌아가야 할 진정한 고향은 당신의 가슴이다. 항상 가슴으로 들어가라. 거기에는 항상 온기가 감돌고, 감사함이 머물고, 만족이 살아 숨쉰다. ―아야 레마

오늘 나의 하루는 이렇게 감사로 물들었습니다.

■

■

■

47

진정한 당신

이리 뛰고 저리 내닫으며
웃고, 울고, 찡그리고, 화내고, 기뻐하는
나의 말, 나의 표정, 나의 동작 하나하나를
"위에서 내려찍기"로 촬영을 한다고
상상해 보십시오.

생전 처음 만나는 낯선 사람을 지켜보듯이
시시각각 변화되는 나 자신의 활동사진을
느린 화면으로 돌려 보십시오.

나의 웃음, 나의 미소,
나의 찡그림, 나의 기쁨, 내가 흘린 땀과 눈물,
내가 들이마시고 내쉬는 숨결,
내가 그리는 감정의 파노라마,
내가 만나는 사람들,
내가 알고 있는 세상과 우주….

그 모두의 총합을 "진정한 나"라고 할 수 있을까요?
내가 맡고 있는 수많은 역할극 속에서
　무엇을 중요하게 여기고
　　무엇을 하찮게 여기든
　　　그 모든 것의 총합을
　　　　"진정한 나"라고 할 수 있을까요?

"진정한 나"는 그 모든 것을 넘어서 있습니다.

내가 나를 누구라고 생각하든,
내가 어떤 방식으로
나 자신을 대접하든,
나 자신을 죽도록 사랑하든,
미워하고 구박하고 못살게 굴든,
내가 얼마나 많은 것을 갖고 있든,
얼마나 많은 지식이 머릿속에 들어 있든,
"진정한 나"는
그 모든 것을 넘어서 있습니다.

"진정한 나"는
표면적인 내가 잴 수 있는 범위를
넘어서 있습니다.

눈을 감고
숨을 깊이 들이쉬고 내쉬면서
내 몸을 가만히 느껴 보십시오.

나는 단백질 덩어리가 아닙니다.
딱딱한 고체가 아닙니다.
육체의 상자에 갇혀 있는 존재가 아닙니다.

인생을 더 멋지게 깎고 다듬어야겠다고 마음을 다지면서
조각칼을 들이대는 동작일랑 그만 멈추고
이제는
육체의 한계에 갇혀 신음하는 자신에게
날개를 달아 주십시오.
자기 자신을
자유롭게 풀어 주십시오.

수백억 원을 가진 사람이 그것을 근거로 한껏 콧대가 높아져 있다면, 그것 역시 자기 자신을 평가절하하는 일입니다. 수백억 원으로도 살 수 없는 엄청난 존재의 신비를 외면한 채, 자신이 가진 것을 자신의 가치의 전부라고 생각하기 때문입니다.

마찬가지로, 아무리 가진 것 없는 노숙자라 할지라도 억만금으로도 살 수 없는 엄청난 존재의 신비를 안고 사는 셈이니, 자신의 몸을 함부로 굴리지 말아야 합니다.

우리 스스로 우리 자신을 낮추고,
한계의 족쇄로 자기 자신을 가두고 있을 뿐,
우리 모두는 엄청난 유산의 상속자들입니다.

내가 자신을 어떻게 생각하든, 진정한 나는
내가 한정짓는 내가 아닙니다.

진정한 나는
내가 무엇이라고 한정짓든
그 이상으로 밝게 빛나는,
별처럼
해처럼
아름답게 빛나는 존재입니다.

우리 모두가 해야 할 일이 있다면,
스스로 닫아걸고 있는 문을 활짝 여는 것뿐입니다.
얼마나 남김없이
자기 스스로 짓는 한계의 족쇄를 풀고
자신을 여느냐에 따라
들어오는 빛의 크기와 밝기가 달라질 것입니다.

행복은 우리가 도달할 수 있는 장소도 아니고,
소유하거나 벌어들일 수 있는 것도 아니다.
닳아지거나 소비되는 것도 아니다.
행복은 매 순간을
사랑으로, 은총으로, 감사함으로 사는
영혼의 체험이다.

—데니스 웨이틀리

오늘 나의 하루는 이렇게 감사로 물들었습니다.

■

■

■

48

내 안의 왕자와 공주에게

기도의 말 속에 '이 보잘것없는 죄인'이라는 말이 들어가는 경우가 적지 않습니다. 겸양의 미덕을 나타내기 위해 "나 같은 것이 감히…"라고 표현하는 경우도 적지 않지요.

어느 큰 사랑이 있어 나를 잉태시켰는데, 큰 사랑의 닮은꼴로 태어난 이가 "이 못난 죄인을 불쌍히 여겨 달라."고 신세타령만 한다면, 어버이 되는 큰 사랑의 마음이 어떠할까요?

그런 말은 곧 "나를 왜 이 모양으로 낳았느냐?"라는 불평불만이나 항의로 들리지 않을까요? 장차 의연하게 백성들을 다스려야 할 왕자와 공주가 자립심을 키울 생각은커녕 이것도 달라, 저것도 달라, 손을 내미는 데만 익숙하다면, 왕은 실로 어이가 없을 것입니다.

한 톨의 씨앗 속에 크고 무성하게 자랄 나무가 들어 있는 것처럼, 우리 안에는 이미 온갖 자질의 씨앗이 다 뿌려져 있습니다. 그걸 알아보고 키울 생각은 하지 않고 하늘을 올려다보며 보채기만 한다면, 하늘의 왕은 난처하지 않을까요?

왕자와 공주가 왕자와 공주다워지려면, 먼저 자신의 핏줄을 알아볼 수 있어야 합니다. 자신의 피 안에서 뛰노는 큰 사랑의 DNA를 알아볼 수 있어야 의연하고 당당하게 일어설 수 있습니다. 누가 뭐래도 왕의 품성을 이어받았다는 것을 자각하면, 그는 굳이 자신의 신분을 주장하려고 애쓰지도 않을 것입니다. 자신만이 진짜라고 떠드는 것들은 대개가 가짜들입니다. 진짜는, 명품은, 말이 없습니다. 자신 안에 있는 사랑의 빛을 보고 자신의 명품됨에 감격한 왕자와 공주는, 누가 뭐라고 하지 않아도 그 빛을 나누는 데에 열중할 것입니다.

이제 더 이상 이것도 달라, 저것도 해 달라 보채지 말아야 합니다. 내 안에 깃든 왕자와 공주로서의 품성에 먼저 감사해야 마땅합니다.

> 행복이 우리를 감사하게 만드는 것이 아니라
> 감사하는 마음이 우리를 행복하게 만든다.
> 나날의 삶 속에서 이것을 깨달아야 한다.
>
> —앨버트 클라크

오늘 나의 하루는 이렇게 감사로 물들었습니다.

■

■

■

49

병—작은 부활을 위한 시련

질병을 뜻하는 영어 단어 disease는 '편치 못하다'는 뜻이지요. 우리의 몸과 마음이 편치 못한 것은 대부분의 경우 흐름에 거스르기 때문입니다. 불평불만이나 분노, 좌절, 실패, 질투, 시기, 부패 같은 부정적인 단어들은 모두가 정상적인 흐름에 대한 저항이나 거스름입니다. '아니다', '안 된다', '못한다' 같은 말들도 모두가 흐름을 가로막는 말들입니다.

병은 편치 않은 마음이 몸을 통해 나타난 것으로, 흐름을 거스르고 있으니 주의하라는 경고등이나 마찬가지입니다. 흐름을 방해하게 되면 우리 몸 안의 기(氣)와 혈(血)이 제대로 통하지 않습니다. 기와 혈이 잘 통하지 않으면 생명은 운행할 힘을 잃고 비틀거립니다. 분노나 좌절, 질투와 시기 같은 부정적인 감정들도 자기 생명을 위한 보존의 본능 때문에 기인하는 것이겠지만, 오히려 자기 생명을 해치는 결과를 빚게 되는 것입니다.

"안 돼요!", "도대체 왜 그래요?", "제대로 되는 게 없어." 같은 부정적인 말은 아무리 허물없는 부부 사이라도 함부로 발설해서는 안 됩니다. 반려자의 가는 길을 가로막는 형국이기 때문이지요. 그 효과는 곧 자신에게로 돌아올 것이 뻔합니다. 내 몸속의 피와 산소가 가는 길을 가로막는 것이나, 가까운 배우자나 지인, 동료의 자유스러운 의사표현을 막는 일이나 흐름을 거스른다는 점에서는 다를 것이 없습니다. 어느 길이든 가로막히면 모두 병이 될 것이 뻔합니다.

풍족함은 편한 것이지만
감사할 줄 모르게 하기 쉽고,
부족함은 불편한 것이지만
무엇엔가에 감사하게 만든다.

—세르반테스

오늘 나의 하루는 이렇게 감사로 물들었습니다.

■

■

■

50

회복기의 노래

박희진 님은 「회복기」라는 시에서 병이란 '쌓이고 쌓인 독이 터지는 것'이라고 노래합니다. 병이 드는 것은 죽음을 향해 한 걸음 나아가는 것이고, 병이 낫는 것은 생명이 회복되는 것입니다. 시인은 회복기에 접어든 사춘기 소녀의 가슴에서 약동하는 생명을 이렇게 노래합니다.

어머니, 눈부셔요.
마치 금싸라기의 홍수 사태군요.
창을 도로 절반은 가리시고
그 싱싱한 담쟁이 넝쿨잎 하나만 따주세요.
그것은 살아 있는 5월의 지도,
내 소생한 손바닥 위에 놓인.
신생(新生)의 길잡이, 완벽한 규범,
순수무구한 녹색의 불길이죠,
삶이란 본래 이러한 것이라고.
병이란 삶 안에 쌓이고 쌓인 독이 터지는 것,
다시는 독이 깃들지 못하게
나의 살은 타는 불길이어야 하고

나의 피는 끊임없이 새로운 희열의 노래가 되어야죠.
참 신기해요, 눈물이 날 지경이죠
사람이 숨쉬고 있다는 것이,
그래서 죽지 않게 마련이라는 것이.
저 창 밖에 활보하는 사람들,
금싸라기를 들이쉬고 내쉬면서.
저것은 분명 걷는 게 아니에요,
모두 발길마다 날개가 돋쳐서
훨훨 날으고 있는 것이지요.
그리고 웃음소리, 저 신나게 떠드는 소리,
사람의 몸에서 어떻게 저런 소리가 날까요.
그것은 피가 노래하는 걸 거예요,
사는 기쁨에서 절로 살이 소리치는 걸 거예요.
어머니, 나도 살고 싶습니다.
나는 한 번도 꽃피어 본 일이 없는걸요.
저 들이붓는 금싸라기를 만개한 알몸으론
받아 본 일이 없는 이 몸은 꽃봉오리
하마터면 시들 뻔하였던
이 열일곱 어지러운 꽃봉오리
속을 맴도는 아픔과 그리움을
어머니, 당신 말고 누가 알겠어요.
마지막 남은 미열이 가시도록
이 좁은 이마 위에 당신의 큰 손을 얹어 주세요.
죽음을 쫓는 손,
그 무한히 부드러운 약손을.

얼어붙은 몸과 마음이 이제 막 녹기 시작하는 회복기의 환자에게는 '5월의 햇살'이 '금싸라기의 홍수 사태'가 되고, '초록 잎사귀'가 '신생의 길잡이'이자 '순수무구한 녹색의 불길'이 됩니다. '살'은 '타는 불길'이 되고, '피'는 '희열의 노래'가 됩니다. 이 어지러울 정도의 경이로움을 느끼게 된 것은 순전히 병을 앓은 덕분이 아닌가요? 병을 앓은 덕분에 몸과 마음이 새롭게 부활되는 기쁨을 맛보게 된 것이지요.

내가 이미 갖고 있는 것들이 만약 주어지지 않았다면
그것을 얼마나 갈망했을 것인가를
생각해 보고 감사하게 여겨라.

—마르쿠스 아우렐리우스

매일 감사 오늘 나의 하루는 이렇게 감사로 물들었습니다.

■

■

■

51

감사가 꽃을 피우면

날마다 적극적으로 열심을 내어 일을 하는 것은 분명 좋은 일이지만, 가고자 하는 목표와 방향만 바라보다 보면 지금 내가 서 있는 이 자리를 보지 못하기 십상입니다. 목표와 방향 자체는 우리에게 행복을 안겨주지 않습니다. 더욱 중요한 것은, 길을 가는 여정 자체가 아닐까요? 우리를 행복에 젖게 하는 것은, 시간을 들여서 주변을 둘러보고 삶 속의 아름다움을 음미하는 일입니다. 사랑하는 사람과 함께 하는 시간을 갖고, 자연 속에서 명상하고, 차 한 잔을 마시면서도 음미하면서 감사하는 일입니다.

날마다 삶에서 감사할 것들의 목록을 적는 일은, 기대했던 것 이상의 효과가 있었다고들 합니다. 아침에 잠에서 깨어날 때나, 밤중에 편히 쉬면서, 날마다 하나씩이라도 감사할 거리를 찾는 일을 하다 보니 저절로 축복의 문이 열렸다는 것이지요. 어린아이의 티없는 웃음소리라든가 낯선 사람의 친절한 길안내 등, 아주 사소한 것이라도 삶에서 좋은 것을 찾아보세요. 그러면 감사는 꽃을 피우고, 관심을 가지고 보살필수록 더욱 더 많은 꽃을 피울 거예요. 감사가 꽃을 피운다는 것, 그것은 곧 우리의 삶이 꽃을 피우고 열매를 맺어가고 있다는 뜻이 아닐까요?

자기가 살아가고 있는 것이 아니라, 천지에 가득 차 있는 영적 생명으로 살아가고 있다는 사실을 자각하라. 아니 천지와 함께 살아가고 있는 자기를 발견하는 것이다. 그러면 그 커다란 힘, 보이지 않는 섭리가 주신 생명 그 자체가 자기의 본체라는 사실을 발견하고 신심을 얻어 마음의 편안함과 희열을 얻게 된다. 그리고 감사하는 마음으로 힘차게 살아가게 된다.

—백은 선사, 『병든 몸은 이렇게 다스려라』

감사의 마음을 품을 때, 우리는 저절로 넉넉해지고 풍요로워진다. 감사의 마음을 통해 우리는 우리의 삶 속에 이미 주어진 아름다움과 풍요로움에 초점을 맞추게 된다.

—D. D. 왓킨스

오늘 나의 하루는 이렇게 감사로 물들었습니다.

■

■

■

52

운명이라는 이름의 레슨에 대하여

밝고 맑고 투명하게 그물에 걸리지 않는 바람처럼 살 수 없는 것은 어째서일까요? 삶에 요구하고 바라는 것이 많기 때문입니다. 갖고 싶고 누리고 싶은 것들로 인해 우리는 끊임없이 우리 자신을 불편하게 합니다. 삶과 사람들에 대한 요구와 바람들은 정도껏 멈춰서는 법이 없어서, 우리를 자유롭게 하기는커녕 우리를 가두는 감옥이 되곤 합니다. 그리고 이런 요구와 바람들을 내려놓기가 쉽지 않아서 지구촌에 소풍 나온 것처럼 가볍게 살아지지 않는 까닭은, 우리의 심층의식이 이미 무엇인가에 물들어 있기 때문입니다.

어린 시절 어른들과 환경에 의해 만들어진 상처와 기억 때문이든, 어떠한 이유인지 표면의 나로서는 알 수 없지만, 무의식의 밑바닥에 켜켜이 쌓이게 된, 이루지 못한 꿈과 여한(餘恨) 때문이든, 우리의 마음은 늘 자기 나름의 색깔로 물들어 있게 마련이어서, 사물과 사람을 있는 그대로 바라본다는 것은 거의 불가능에 가깝습니다.

개성이란 결국 우리가 저마다 살아내야 할 "운명의 빛깔"이 아닐까요? 그러니 운명이란 결국 저마다 타고난 기질과 성격으로 인해 생기는 작용과 부작용을 통해 배우는 레슨이 아닐까요?

"레슨"이라는 말처럼 삶을 총체적으로 아우르는 관점은 달리 없는 것 같습니다. 벌거숭이로 태어나서 벌거숭이로 돌아가는 인생에서 남는 것은 한평생의 경험을 통한 레슨뿐입니다. 레슨을 통하여 갈고 닦은 성품밖엔 달리 가져갈 것이 아무것도 없습니다.

삶 자체를 레슨으로 생각하면, 삶의 무게가 한결 가벼워집니다. 적어도, '바위에 새겨지는 기록물'이라도 되는 양 무겁게 생각하지 않을 수 있게 됩니다. 삶이란 오히려 '물 위에 쓰는 글씨'에 더욱 더 흡사하지 않을까요? 배움을 위한 레슨, 혼의 성장을 위한 레슨.

감사하지 못하는 세 가지 이유는
교만과 비교의식, 그리고 인간의 끝없는
탐욕 때문이다.

—아더 핑크

백일 감사

오늘 나의 하루는 이렇게 감사로 물들었습니다.

■

■

■

53

안에서 바깥으로

우리 인간들은 수천 수만 년 동안 자신이 불완전하다는 "잘못된 음식"만을 죽어라고 편식해 왔습니다. 어려서부터 우리 모두는 해야 될 것과 하지 말아야 할 것들에 대해서 가르침을 받고, 지금 여기에서의 나를 사랑하는 법보다는 '지금의 내가 아닌 다른 누군가'가 되어야 한다고 세뇌를 당해 왔습니다.

지금의 내가 아닌 다른 내가 되어야 한다는 것은 자기 자신에 대한 불신을 몰고 오고, 이런 불신은 자신을 끝없이 충동질하면서 다른 무엇인가로 채우지 않으면 안 된다고 몰아붙이게 합니다. 그 결과 우리 모두는 성인이 되고 나서도 십중팔구 '채워지지 않은 부분'을 가슴에 안고 살아갑니다. '내일이면 더 채워질 거야. 누군가가, 무엇인가가 부족한 부분을 채워줄 거야.' 끝도 없는 희망 고문 속에서 살아갔던 것 같습니다.

바깥의 것을 찾아 헤매다 보면, 안을 들여다볼 시간을 가질 수가 없습니다. 그런 시행착오를 거듭한 끝에 깨달은 세상의 현자들은 하나 같이 내면의 보물에 대하여 이야기합니다. '깨달음이란 나에게로 돌아오는 여행'이라고 말하면서, 출발점도 '나'요, 종착역도 '나'라는 것을 강조합니다.

바깥의 무엇인가에 의지하여 나를 완성시키려는 시도는, 경전의 한 구절이 가리켜 보이듯이, '자기 옷 속에 밝은 구슬이 있는 줄도 모르고 허겁지겁 구걸을 하고 다니는' 것이나 마찬가지입니다. 진정한 부자는 이미 주어진 신성의 집 안에서 온갖 좋은 것들을 누리며 충만한 시간을 살지만, 가난한 자는 자기 집 앞에 서서 뭔가 더 좋은 것들을 끌어들이고 싶어 하며 눈, 귀, 코, 혀를 쓰기에 늘 분주하지요.

아무리 좋은 것들을 끌어들여도 그것은 이미 있는 신성의 빛에 비하면 조잡하기 짝이 없는 것들이어서 아주 일시적인 만족만을 줄 뿐, 늘 다시 더 큰 허기와 갈증으로 더 좋은 것을 찾게 할 뿐입니다. 때로는 나보다 앞서 이미 신성의 빛 안에서 사는 사람을 동경하여 부지런히 뒤쫓아가기도 하지만 아무리 가까이 다가가도 그는 어디까지나 타인일 뿐 내가 되어줄 수는 없습니다. 혈루병을 앓던 여인이 예수의 옷자락을 만짐으로써 지병을 고쳤듯이, '신성의 옷자락'이라도 만져야 합니다. 가까이 다가가는 것으로는 충분하지 않습니다. 접촉이 이루어져야 기(氣)가 통하고, 기가 통해야 내가 그가 될 수 있고 그가 내가 될 수 있습니다.

자기 집 앞에 서서 집안으로 끌어들일 꺼리를 찾아 헤매는 사람은 평생 자기 집 주인 노릇을 할 수 없습니다. 어떻게든 그동안의 구걸 노릇을 딱 멈추고, 안으로 들어가 자기 집 살림살이부터 구석구석 살필 일입니다.

그렇게 자신의 집 안으로 들어간 윌리엄 제임스는, 한 번도 본

적이 없던 엄청난 빛이 자기 집 천정을 통해 쏟아져 들어오는 것을 경험하고는 이런 글을 남겼다.

"하늘이 문을 열고 빛과 영광을 쏟는 것 같았다. 한 순간만이 아니라 온 낮과 온 밤을, 빛과 영광의 물결이 홍수처럼 내 영혼에 쏟아져 내렸다. 나는 변했다. 모든 것이 새로워졌다. 내가 기르는 말과 돼지까지, 모두가 달라져 있었다."

당신이 기다리고 있는 것이 무엇이든,
마음의 평화이든, 만족이든, 감사이든,
소박한 풍요에 대한 만족감이든,
그것은 당신에게 찾아올 것이 틀림없다.
하지만 그것은 당신이 열린 마음과 감사하는 마음으로
그것을 받을 준비가 되어 있을 때만 찾아온다.

—사라 밴 브레스낙

백일감사 오늘 나의 하루는 이렇게 감사로 물들었습니다.

■

■

■

54

벗을수록 행복해진다

지위나 성취 정도에 역점을 두고 살아가는 사람들의 특징은 체면을 중시한다는 것입니다. 자신의 마음 편함을 중시하기보다는 남에게 어떻게 비칠 것인가에 신경을 쓰고 살다 보면 감추고 싶은 것들이 생기고, 그로 인해 가면을 쓰고 살게 됩니다. 누구나 어느 정도는 가면을 쓰고 살아가고 있기에, 가면을 쓰는 것이 오히려 편하게 여겨지도 합니다. 하지만 기본적으로, 가면은 삶을 그만큼 무겁게 합니다.

가면을 쓸수록 그 사람은 자기 자신의 진실로부터 점점 멀어집니다. 『마음의 가면』을 쓴 브레네 브라운은 수천 명의 상담 사례를 통해, 행복한 사람들의 공통점 중 한 가지 특성은 자신의 약점을 솔직하게 드러내는 것이라고 합니다. 없으면서도 '있는 척' 가면을 쓰는 것이 아니라, 그런 것들을 굳이 감추지 않고 솔직하게 드러내는 사람들이 행복한 삶에 훨씬 가까워진다는 것이지요.

마르셀 프루스트는 『잃어버린 시간을 찾아서』에서 우리가 평소 얼마나 자신의 가면을 진짜라고 생각하고 살아가는지를 이렇게 이야기합니다. "하지만 사소한 일상사를 놓고 보아도, 우리 인간은, 물질적으로 구성된 전체, 누가 보든지 동일한, 다시 말해 시방서나 유서같이 한 번 보고 금세 알 수 있는, 그런 단순한 조직체가 아니다. 우리의 사회적 인격이란 남들의 생각이 만들어낸다. '우리가 아는 사람을 본다'고 하는 단순한 행위마저, 일부는 지적 행위이다. 우리는 우리가 보고 있는 인간의 외모에, 그 인간에 대해 우리가 갖고 있는 모든 관념을 채우고, 그리고 전체의 모습을 마음속으로 보았을 때, 그 대부분은 역시 이러한 관념으로 이루어져 있다. 그래서 이러한 관념이 그 인간의 뺨을 부풀리고, 콧날을 또렷하게 그려 내고, 목소리 울림 속에, 그것이 일종의 투명한 피막에 지나지 않는 듯이 들어가 그 울림에 뉘앙스를 섞기 때문에, 실제로 우리가 그 인간의 얼굴을 보고 듣고 할 때마다 우리가 보고 듣고 있는 것은, 실은 이 관념에 지나지 않는다."

침묵을 지켜라. 아무것도 모르는 상태로 있어라. 아주 깊은 비어 있음의 상태로 있어라. 그러면 신비가 그대에게 드러날 것이다. 그때 신은 그대 앞에 벌거벗은 채로 나타나 실체를 그대에게 보여줄 수 있다. 그러나 그대가 신에 대해서 무엇인가를 안다면, 그대는 결코 있는 그대로의 그를 알지 못할 것이다. —라즈니쉬, 『신비신학』

오늘 나의 하루는 이렇게 감사로 물들었습니다.

■

■

■

55

날마다 삶의 진국을 음미하기

우리는 대개 우리 자신에게 뭔가 플러스 될 것을 성취하고 획득하기 위해 살아갑니다. 성장하여 독립하게 되면, 집을 더하고 짝을 더하고 살림살이들을 더하고 반려견을 더하고 더하고 더하면서 살아갑니다. 인맥도 날로 넓어지고, 넓어질수록 나의 가치와 쓸모가 커져가는 것 같다고 생각합니다. 하지만 어느 때부터인가는 그것들을 덜어내는 작업을 하면서 살아야 합니다. 더하고 더하는 그것들이 사실은 더하는 것이 아니라 오히려 '진짜 나'를 가려버리는 몸짓, 마음짓이었음을 깨치고 나면, 날마다 더 단순해지고 가벼워지는 삶을 향해 나아가게 되는 것 같습니다. 무엇을 더하고 더하려고 애쓰는 삶은 아침부터 저녁까지 가면을 쓰고 살아가는 연극과도 같기 때문입니다.

하버드 대학교를 졸업한 헨리 데이비드 소로는 교직 생활을 시작했으나, 체벌을 반대하는 자신의 신념으로 인해 학교 당국과 갈등을 빚고, 2주 만에 교직 생활을 사직합니다. 그러고는 숲으로 들어가 직접 오두막을 짓고 밭을 일구면서 살아갑니다. 나날의 삶을 기록하여 훗날 베스트셀러가 된 책 『월든』에서 그는 이렇게 말합니다. "내가 숲으로 간 이유는 사려 깊은 삶을 살면서 인생의 본질적인 사실만 직면하고,

인생이 가르치는 바를 내가 과연 배울 수 있는지 확인하고 싶었기 때문이다. 죽을 때가 되어서야 자신이 전정한 삶을 살지 않았다는 사실을 깨닫고 통곡하는 꼴이 되고 싶지 않았고, 인생이라고 말할 수 없는 인생은 살고 싶지 않았다. …나는 삶을 깊이 깊이 음미하면서 그 정수를 남김없이 다 빨아먹고 싶었고, 스파르타인처럼 씩씩하게 살면서 인생이라 할 수 없는 것은 죄다 파멸시키고, 폭넓게 인생의 뿌리까지 잡아 뽑으며 생활을 구석구석 뒤쫓고 밑바닥까지 바싹 다가서고 싶었다. 인생이 별 볼일 없다고 결론을 내리게 된다고 하더라도, 살아보니 진짜 그렇더라는 것을 확실하게 실감하고 세상을 향해 그것을 솔직하게 말해야겠다고 마음먹었다."

무언가를 더하고 더하고자 애쓰면서 살아가는 나날의 삶은, 잔뜩 화장을 한 광대처럼, 본래의 모습을 감출 뿐입니다. 이런 역할 저런 역할로 바빠질수록 '본래의 나'는 사라지고, 살아갈수록 공허감만 더해질 뿐입니다. 그런 삶은 몸만 살아 있는 것이지 진짜 살아 있다고 할 수가 없습니다.

본래의 나에 충실하기보다는 역할에 치중하여 살아가는 사람은, 타인들의 눈에 내가 어떻게 비칠지 신경을 쓰지 않을 수 없습니다. 그래서 자기 자신을 볼 때에도 타인들의 눈을 통하여 보고, '타인들이 판단하는 나'를 '진짜 나'라고 여기게 됩니다. 그래서 자신이 어떻게 보일까를 날이면 날마다 고민하면서 역할극을 하는 배우로서 살아가게 됩니다. 그런 배우로서의 삶에는 '나'가 삭제되어 버립니다.

니체는 배우로서 살아가는 삶에 대해 이렇게 말합니다. "배우로서 우리는 타인이 우리를 어떻게 보느냐에 민감할 수밖에 없다. 그래서 우리는 자신을 너무 몰라준다고 관객에게 화를 내기도 하지만, 자신을 너무 잘 아는 관객을 보면 무서워서 떠나기도 한다. 자신을 너무 잘 아는 관객 앞에서는 그를 실망시키지 않기 위해 애쓰기도 하고, 그런 관객 앞에서 초라해지고 작아지는 자신을 방어하기 위해, 자신에 대한 그의 인식을 혼란에 빠뜨리기 위해 위장된 행동을 하기도 한다."

배우로서의 자신이 아닌 '진짜 나'로 살아가기 위해서는, 다른 사람들의 북소리에 맞추어 가느라 애쓰고 있는 자기 자신을 먼저 알아차리고, 자기만의 노래, 자기만의 박자를 찾아야 합니다.

노자는 도덕경 48장에서 "학문은 날마다 더하는 일이고, 도(道)는 날마다 덜어내는 일"이라고 말합니다.

부자이든 가난뱅이든 그 소유물에 나의 가치를 빼앗기지 않는 삶, 명예가 높아지거나 낮아지더라도 거기에 힘을 부여하지 않는 삶, 역할을 하더라도 역할에 나를 팔아버리지 않는 삶, 노자는 그렇게 '하면서도 하지 않는' 무위의 삶을 이야기합니다.

"다른 사람들의 감정과 그들이 원하는 것에 초점을 맞추다 보면 너는 또 두려움의 세상에서 길을 잃게 될 거야. 그렇게는 되고 싶지 않겠지? 너 자신을 사랑하고 인정해 줘. 그리고 그 같은 자기 사랑과 자존감으로 살아 움직이는 사랑 그 자체가 되는 것만이 네가 해야 할 일임을 잊지 마. 그것이야말로 너 자신과 주변 사람들에게 하는 진정한 봉사야. 네가 얼마나 사랑받는 존재이고 얼마나 귀중한 존재인지 깨달았을 때 암이 치유되었지. 바로 그 깨달음이 너를 도와 이 땅에서 천국 같은 삶을 창조하게 할 거야. 세상의 문제 속에서 헤맬 때 넌 아무도 도울 수 없어. 그러니까 길을 잃거나 의기소침해질 때는 단지 이렇게 자문해 봐. '도대체 언제부터 나 자신을 사랑하지 않게 된 거지? 어떻게 하면 나를 더 소중하게 생각할 수 있을까?'라고 말이야."

—아니타 무르자니, 『나로 살아가는 기쁨』

백일 감사 오늘 나의 하루는 이렇게 감사로 물들었습니다.

■

■

■

56

꽃의 지혜

'벨기에의 셰익스피어'라고 불리는 모리스 마테를링크는 『꽃의 지혜』에서, "침묵이요, 복종이요, 묵상으로 보이는 식물의 세계는, 그러나 사실은 숙명에 대한 저항이 가장 격렬하고 집요하게 펼쳐지는 곳"이라고 선언합니다. 식물의 가장 근본이 되는 기관인 뿌리는 식물의 몸체를 돌이킬 수 없이 땅에 붙들어 매놓는다는 것이지요. 한 번 태어나면 죽을 때까지 한 자리에 붙박여 살아갈 수밖에 없는 숙명의 주인공들인 식물은, 뿌리의 어둠으로부터 위로 위로 거슬러 올라 가지로, 잎으로, 꽃으로 그 숙명을 거스릅니다.

용문사 은행나무는 1,100년 동안 한 자리를 지켰고, 캘리포니아의 요세미티 국립공원에는 2,000살을 훌쩍 넘긴 메타 세콰이어가 즐비하며, 남아프리카공화국에는 6,000살 먹은 바오밥 나무가 아직도 건재합니다.

모리스 마테를링크는 말합니다. 아래로 아래로 뿌리를 내리면서도 그 무겁고 어두운 세계를 벗어나려고 위로 위로 솟아오르는 나무들이 숙명으로 갇힌 공간을 극복하는 그 힘은, 인간이 물질의 버거운 법칙에서 벗어나 우주로 진입하는 것만큼이나 놀라운 일이라고. 그러고는 이렇게 강조하지요.

"누구든 정원에 핀 꽃 한 송이가 발휘하는 에너지 절반만이라도 자신을 괴롭히는 온갖 역경을 극복하는 데 투여한다면, 지금과는 아주 다른 운명을 맞이할 수 있을 거라고 믿어도 좋습니다."

나무들이 탄주하는 음악 소리를 듣고 있으면, 때로는 내 육신이 초봄의 풀잎처럼 은은한 연둣빛으로 물들고, 때로는 내 정신이 달밤에 강물 가득 쓸려 가는 달빛처럼 반짝거리고, 때로는 내 영혼이 저물녘 서쪽 하늘 노을빛처럼 아름답게 범람한다. 나는 나무들이 탄주하는 음악 소리를 들으면서 완벽하게 나무들과 합일되는 자신을 깨닫는다. 뼈들이 투명해지고 혈관 속이 청량해진다. 나무들의 음악 소리에 하늘이 열리고 바다가 열린다. 동이 트는 것도 태양이 작열하는 것도 어둠이 내리는 것도 모두 나무들이 탄주하는 음악과 불가분의 관계를 이루고 있다. 나는 숲속에서 나무들이 탄주하는 음악을 들을 때마다 새롭게 태어나는 자신을 발견한다. —이외수, 『보복대행주식회사』

백일감사 오늘 나의 하루는 이렇게 감사로 물들었습니다.

■

■

■

57

눈뜨면 모두가 기적이어라

내 발밑에 수천억 갤런의 석유가 깔려 있다 한들 캐지 않으면 무슨 소용이겠습니까? 흔히들 그런 말을 합니다. 하지만 너무나 흔하게 쓰여지는 '잠재력 개발'이라는 용어가 왠지 마냥 끌리지만은 않는 까닭은, '아직 미개발된', '내 손길이 미처 가 닿지 못하고 있는', '부지런히 갈고 닦아야만 미래시제의 어느 때엔가 비로소 내 살림살이가 될 것 같은' 느낌을 풍기기 때문입니다.

꿈과 용기로 완전무장을 하고 밝은 미래를 향해 아무리 뛰어보아도 미래는 손안에 잡히는 법이 없습니다. 미래는 계속 계속 달아나기만 할 뿐입니다. 실재하는 것은 과거도 아니요 미래도 아닙니다. 오직 현재, 지금 이 순간이 있을 뿐입니다.

지금 이 순간이 있을 뿐이니, 발밑의 무진장한 석유 또한 여기가 아닌 저기 어딘가의 이야기일 뿐입니다. 아무리 가까워도 그곳은 '내 안'이 아닌 바깥이니, 확인된 바 없는 바깥의 뜬소문일 뿐 아직은 '내 것'이라고 할 수가 없습니다. 언제부터인가 이 세상에는 그런 이야기가 넘쳐나고 있습니다. 나에게 없는 무엇인가를 나에게로 끌어오는 '끌어당김'의 법칙에 관한 이야기, 어떻게 하면 원하는 것을 손안으로 들어오게 할 것이냐에 관한 숱한 말들이 세상을 떠돌고 있습니다. 그런 법칙이나 믿음이나 확언을 받아들이기만 하면 금방이라도 마법이 펼쳐질 것 같아서 수많은 사람들이 금 캐러 가는 광부들처럼 책과 테이프와 강연 속으로 빨려 들어가고 있습니다.

그럼에도 그 길은 결코 쉽지 않습니다. 좇고 또 좇아가다가 지금 이 순간을 놓쳐버리고 사는 삶은, 알맹이가 아무것도 남지 않는 빈 껍데기가 되어 버립니다.

'내 발밑'조차도 탐색할 필요가 없습니다. 바로 나 자신이 수천억 갤런의 석유보다 더 가치가 있습니다. 세포 하나 속에도 생물의 모든 특징을 결정짓는 설계도가 들어 있다는 것이 밝혀진 오늘날에는, 우리 몸 자체가 성전(聖殿)이라는 것이 더욱더 실감나게 되었습니다. 세포 하나 속에 우리 몸 전체의 설계도가 들어 있는데, 우리의 개체적인 자아 속에는 어찌 우주의 설계도가 들어 있지 않겠습니까!

눈뜨면 세상 모든 것이 기적 아닌 것이 없습니다.

중용에서는 "도(道)란 아무리 사소한 것에도 스며들지 못하는 바가 없고 아무리 커도 품지 못한 바가 없어서, 깨우친 사람은 늘 도를 의식하며 산다."고 하였고, 의상대사는 "하나가 곧 일체요, 일체가 곧 하나이며, 낱낱의 티끌 속에 온 우주가 다 들어 있다."고 하였지요.

누군가 "나"라는 에고로서 행동한다면, 이것은 물이 얼음이 된 것처럼 한계가 있으며 그다지 쓸모가 없습니다. 얼음은 농작물과 나무, 동물과 사람, 그리고 살아 있는 모든 생명들에게 치명적이기도 하지요. 의심할 바 없이 얼음은 물입니다. 하지만 얼어 있기에 생명을 줄 수가 없어요. 하지만 얼음이 녹아 물이 되면 그것은 매우 쓸모 있어지고 생명의 원천이 됩니다. 마찬가지로 우리 에고가 녹아버리면 겸손해지고 우리 자신과 다른 이들에게 평화와 생명을 가져다줍니다.

그리고 물이 더 변화해서 공기 속으로 증발하면, 물이 공기 안에 있을지라도 여러분은 물을 볼 수 없습니다. 진실로 겸손해질 때 우리는 바로 공기 안에 있는 수증기처럼 됩니다. 눈에 띄지는 않겠지만 우리는 무한해지게 되지요. 우리는 어디에나 갈 수 있게 됩니다. 온 세상에 생명을 주고 다른 이들에게 봉사하면서요. 마치 빗방울이 허공에서 떨어져 대지에 생명을 주듯이요. 이 메마른 대지는 자신이 분리된 존재임을 잊고 공기 속으로 증발했다가 다시 생명의 단비가 되어 내리는, 이 물의 겸손함 덕분에 생명이 꽃피는 것입니다.

—산트 타카르 싱

오늘 나의 하루는 이렇게 감사로 물들었습니다.

■

■

■

58

지금부터는 매일 그림만 그릴 거요

아무리 불평불만으로 가득 찬 삶이라도 습관이 되면 벗어나기가 쉽지 않습니다. 어제와 오늘이 별다른 표정 변화도 없이 이어지는 나날 속에서 막연히 내일만 바라보고 사는 삶의 관성에서 벗어나려면, 벼락 치는 것 같은 결단이 있어야 합니다. 과거는 그림자도 남아 있지 못하도록 불에 태워 버리고, 관성이 이끌어가는 것과는 다른 방향으로 걷기 시작해야 합니다.

1883년 1월의 어느 날 저녁, 고갱은 귀가한 후 아내에게 말합니다. 지금 사표를 내고 오는 길이라고. 아내는 아연실색하여 고갱을 바라봅니다. 고갱은 나직하게 반복해서 말합니다. "나는 더 이상 은행원이 아니오. 지금부터는 매일 그림만 그릴 거요."

이런 이야기는 곧바로 나 자신에 대한 질문으로 이어지게 마련입니다. "나는 지금 내가 진정으로 원하는 인생 그림을 그리고 있는가?" 진정으로 원하는 그림을 그리고 있지 않다면, 아무리 애써도 붓을 잡고 있는 손에 진정한 포스가 실릴 수 없습니다. 마지못해 그리는 그림에는 생명력이 살아 숨쉴 수 없습니다. 포스가 실리지 않는 인생 그림은 졸작이 될 수밖에 없을 것입니다.

자신이 원하는 그림을 그려야 합니다. 그것이 한 번밖에 없는 이 인생 그림을 걸작으로 만들 수 있는 지름길일 것입니다.

개나리는 진달래를 부러워하지 않습니다. 들국화는 장미를 시샘하지 않습니다. 꽃들은 자신이 아닌 다른 꽃이 되려고 애쓰지 않습니다. 그저 자기를 꽃피울 뿐.

아무리 애써도 자기가 아닌 누군가가 될 수는 없는 일입니다. 그 모든 부질없는 애씀을 멈출 때에야 비로소 진정한 휴식이 찾아듭니다. 그때에야 내 안에 이미 깃들어져 있는 "나만의 꽃"이 봉오리를 내밀기 시작합니다. 우리 모두는 각자 자기 자신을 꽃피우기 위해 지금 여기에 있는 것이지요.

왜 우리는 그리도 성공에 목말라 하는가. 천천히 리듬을 타더라도, 저 멀리에서 아련히 들린다 해도 자신의 귀에 즐거운 음악에 맞춰 걸으면 된다. ―헨리 데이비드 소로

오늘 나의 하루는 이렇게 감사로 물들었습니다.

■

■

■

59

나는 누구를 사랑하는가

보이스 피싱을 비롯한 사기가 극성을 부리는 세상입니다. 사기꾼들은 사람들의 약점을 교묘하게 파고듭니다. 그 수법이 점점 영악해지고 절묘해져서 걸려들 수밖에 없겠다는 생각이 절로 드는 경우도 적지 않지만, 사기꾼에게 당하는 피해자들은 결국 자기 욕심에 걸려 넘어졌다고도 볼 수 있습니다. 자기 돈을 지키려는 욕심, 자기 돈을 더 불리려는 욕심이 없다면, 누가 어떤 수작을 부리더라도 넘어갈 리 만무합니다.

사기꾼들만이 덫을 놓고 우리를 위험하게 하는 것은 아니지요. 덫은 사실 도처에 널려 있습니다. 덫에 걸려 넘어진 사람들은 '삶이 자기를 속였다'고 하고, '운명에 걸려 넘어졌다'고 합니다. 과연 그럴까요? 실패를 경험한 많은 이들은 푸시킨의 다음과 같은 경구에 많은 위안을 받지요. "삶이 그대를 속일지라도 슬퍼하거나 노여워하지 말라. 슬픈 날을 참고 견디면 기쁜 날이 오고야 말리니." 그러나 널리 회자되어 온 이 경구는 과연 진실일까요?

우리를 속이는 것은 삶이 아닙니다. 운명이 아닙니다. 우리를 속이는 것은 우리 자신입니다. 삶이 우리를 속였다고 탓하는 것은, 벽에 부딪혔다고 벽을 탓하는 어린아이와도 같습니다. 우리 자신이 깨어 있지 못하여 넘어진 것뿐입니다. 그것이 진실입니다.

바이런 케이티는 『나는 지금 누구를 사랑하는가』에서, 자기 생각에 속아 넘어가지 않으려면, 어떤 것에 대한 판단을 할 때마다 질문을 해보라고 제안합니다. 그것이 사실인가? 그것이 사실이라는 것을 절대적으로 확신할 수 있는가?

어떤 생각이 우리를 쓸데없는 고통 속으로 몰아넣는지 그 생각에 물음표를 붙이는 것만으로도 우리는 우리 자신을 바라볼 수 있는 거리를 확보하게 됩니다. 우리를 고통으로 몰아넣는 것은 우리의 생각 자체가 아니라 '생각에 덧입혀지는 집착'이고, 집착에서 벗어나기 위한 첫번째 조건은 '집착과의 거리두기'일 것입니다. "그 생각이 과연 사실인가?"라는 질문만으로도 우리는 우리 자신을 GPS(범지구 위치결정 시스템)로 내려다보는 것처럼 우리의 생각과 거리를 확보할 수 있게 됩니다. 그렇게 나 자신의 생각과 '거리두기'를 하는 데서 더 나아가, 사랑하는 사람이나 가족, 세상과 '거리두기'를 함으로써 우리는 비로소 실상에 눈을 뜨는 첫걸음을 떼게 됩니다.

'내 생각이 과연 사실인지' 질문을 하다 보면, 우리는 우리가 살아가는 모든 것이 스스로 지어내는 '이야기'일 뿐이라는 자각에 몸서리치게 됩니다. 케이티가 가리켜 보이는 것처럼, 우리 모두는 사랑한다고 하면서 상대방에 대한 이야기를 꾸며내기 일쑤이고, 상대방을 사랑하는 것이 아니라 내가 꾸며낸 상대방에 대한 이야기를 사랑합니다.

우리는 사랑을 이유로 상대방에게 이렇게 저렇게 해 달라고 요구합니다. 이런 사람, 저런 사람이 되어야 한다고 은근히 혹은 노골적으로 밀어붙입니다. 자기 멋대로 그림을 그려놓고 그림 안으로 들어와 주기를 바라고, 그 실현 정도에 따라 나의 행복이 좌우된다고 믿지요. 그러나 그것은 사랑이 아닙니다. 진정한 사랑이라면, 그 대상이 누구이든, 각자 자기 인생을 살도록 자유의 날개를 달아주어야 합니다. '나의 풀'이 아니라 '자기가 좋아하는 자기의 풀'을 뜯게 해주어야 합니다.

> 자신의 내면에 광원이 있다고 상상해 보자. 그것은 우주의 모든 빛 중에서 아주 작은 한 줄기의 빛이다. 당신의 중심에 있는 그것은 모든 것, 곧 온 우주 자체인 백색광을 방사한다. 하지만 당신의 스크린에 무엇이 비추어지는지는 그 빛이 통과하는 여러 겹의 반투명막에 의해 정해진다. 그 막이란 당신의 마음, 생각하는 마음의 막이다. 그 막은 생각과 감각의 욕망과 기분이다. 이것은, 당신이 외부세계에서 발견하는 것은 단지 당신 자신이 만들어낸 슬라이드의 그림자 쇼일 뿐임을 의미한다.
> —람 다스, 『바가바드 기타 이야기』

매일 감사 오늘 나의 하루는 이렇게 감사로 물들었습니다.

■

■

■

60

행복은 수용성에 비례한다

아파트 11층에서 그대로 바닥으로 떨어진 아기가 목숨을 부지할 확률은 어느 정도일까요? 시멘트 바닥이 아니라 부드러운 잔디밭 위로 떨어졌다 할지라도 과연 살아남을 수가 있을까요? 기적이라고 부를 수밖에 없는 이런 일이 아주 가끔은 일어납니다. 2014년 5월 11일 저녁 8시, 미국 미네소타주 미니애폴리스의 한 고층아파트 발코니에서 추락했던 15개월 된 아기는 뇌진탕과 골절을 당하긴 했지만, 멀쩡하게 살아남았습니다.

아기에게 이런 기적이 일어난 것은, 아기가 바닥으로 떨어져 땅바닥에 부딪혀 죽을지도 모른다는 사실을 전혀 생각하지 않고 아무런 저항도 하지 않았기 때문입니다. 아기들은 매일같이 떨어지고 뒹굴어도 뼈가 부러지지 않습니다. 나이 많은 사람들이 그랬다가는 하루에도 몇 번씩 뼈가 부러지고 다치는 불상사를 당할 것입니다.

아기들은 미래에 대해 열려 있습니다. 어떠한 가능성에도 자기를 열어놓습니다. 하지만 어른이 되어갈수록 이런 수용성은 점점 더 줄어듭니다. 자기 의견이라는 것들을 갖게 되어 받아들이지 않는 것들이 점점 많아져 가는 것이지요.

예수는 왜 "온유한 자는 복이 있나니, 그들이 땅을 유산으로 받을 것"(마태 5:5)이라고 했을까요? 온유한 자는 각이 서 있지 않아서 수용성이 넓은 사람입니다. 그런 사람이 싸움 잘하는 사람들, 투철하게 무장을 한 경쟁력 높은 사람들을 제치고 상속자가 된다는 것입니다.

온유한 사람, 수용성이 넓은 사람은, 그릇이 큰 사람입니다. 우리 모두는 이런 사람 저런 사람을 만나 부딪히고 깨지면서 저마다의 그릇을 넓혀가고 있는 것이 아닐까요? 나 자신의 단점과 약점을 품어주는 큰 사람을 만났을 때, 우리는 자기도 모르게 그 사람에게 감사의 마음을 품으면서, 자기의 그릇을 돌아보고 그 크기를 저절로 키우게 됩니다.

그릇이 작아서 품지 못하는 것이 많을수록 결국 다치는 것은 자기 자신뿐입니다. 행복은 그릇의 크기에 비례합니다.

장자의 권위 있는 주석가인 곽상은 이렇게 말한다. "세계는 한 시의 정지도 없이 변화하고 있으며, 그렇기 때문에 언제나 새로운 것이다. 그런데도 우리는 그 점을 깨닫지 못하고, 옛날과 똑같을 뿐 새로운 것이 아니라고 생각한다. 배는 날마다 모습이 바뀌고 있지만 겉보기에는 옛것이나 다름이 없고, 산 역시 날마다 모습을 바꾸지만 예전과 같다고 느낀다. …마찬가지로 과거의 '나'는 사실상 지금의 '나'가 아니다. 나는 매 시점 새롭게 태어나고 있다. 그런데도 이 점을 깨닫지 못하고 옛것에 집착하여 그것을 고수하려 하니, 어리석은 일이다."

—장용선, 『장자, 마음을 열어주는 위대한 우화』

도널드 트럼프가 부자인 이유는 무엇일까? 그것은 그가 하루에 3백만 달러를 벌겠다는 것을 받아들였기 때문이다. 그는 대부분의 사람들이 생각할 수 없는 가능성의 모델을 세웠다. 사람들은 보통 하루에 200달러 정도를 벌 수 있을 것이라는 모델을 세운다. 트럼프가 한 일은 단지 0 몇 개를 더 붙이고 그것을 받아들인 것이다. 그가 꼭 특별한 재능을 가지고 태어났다고 볼 수도 없다. 모든 것은 수용의 문제이다. 당신은 어떻게 수용의 기준을 세우는가? 운동선수들은 훈련과 시합을 통해서 그 기준을 세우고, 또 그들이 가지고 있는 한계를 발견한다. 물론 그들의 장점도 발견한다. 코치들은 그들의 훈련을 돕고 선수들은 올림픽에서 메달을 획득한다. 마음을 바라보는 관점이 이와 다를 이유가 무엇인가? 마음 역시 그렇게 훈련시켜야 하지 않을까? 마음에도 정보를 줘야 하지 않을까?

—마크 빈센트, 『블립』

오늘 나의 하루는 이렇게 감사로 물들었습니다.

■

■

■

61

장애물이 곧 디딤돌이다

초등학교에 입학한 에디슨은 달걀을 품어 병아리로 부화시키겠다고 하는 등 이런저런 기행을 저질렀고, 선생님들은 결국 에디슨을 감당하지 못하고 3년도 못 되어 퇴학시키고 말았습니다. 이후 에디슨은 열차에서 신문팔이를 하며 열차 한 곳에 공간을 만들어 실험에 열중했지만, 실수로 불을 내는 바람에 역장에게 따귀를 얻어맞은 후 귀가 잘 들리지 않게 되었습니다. 그러나 청각장애는 그로 하여금 엄청난 독서광이 될 수 있도록 세상의 온갖 소음을 차단해 주었고, 무려 1,200여 가지 발명특허를 획득할 수 있도록 집중력을 선물해 주었습니다.

"평생 장애에 시달렸으니 얼마나 고통스러웠을까?"라고 생각하기 쉽지만, 실제는 전혀 그렇지 않았습니다. 그는 불행을 의식하고 괴로워할 만큼 한가하지 않았습니다. 그는 그저 책을 읽는 즐거움 속에서, 새로운 세계를 추구하는 기쁨 속에서 살았을 뿐입니다.

그는 "천재는 99%의 땀방울과 1%의 영감으로 이루어진다."라는 명언을 남겼지만, 그의 생애를 놓고 보면 99%의 땀방울이라는 것도 기쁨 속에서 이루어진 것이었다는 것을 실감할 수 있습니다. 하기 싫은 일을 인내만으로 해내려고 한다면, 언젠가는 한계에 부딪혀 비명을 지르고 말 것입니다.

자기가 좋아하는 일을 찾아내게 되면, 우리의 인생여정은 훨씬 즐거울 수 있고, 내 삶을 기쁨과 풍요로움과 감사로 가득 채울 수 있습니다.

삶에서 가장 가슴 뛰는 일을 찾는 것, 그것이 당신이 이 세상에 온 이유이자 목적이다. 당신은 그 일을 발견해야만 하고, 또 그것만이 당신에게 참다운 존재이유를 깨닫게 해준다. 그것이 가장 큰 행복이며 진리의 길이다.

—다릴 앙카, 『가슴 뛰는 삶을 살아라』

백일 감사

오늘 나의 하루는 이렇게 감사로 물들었습니다.

■

■

■

62

그래도, 그럼에도 불구하고

아무리 못나고 볼품없고 가진 것 없는 인생이라도 감사할 거리는 반드시 있게 마련입니다. 못나고 볼품없다는 것은 자기만의 생각일 뿐이거나 사회 통념상의 개념일 뿐, 세상 무엇과도 바꿀 수 없는 아름다움이 있을 것이기 때문입니다. 능력 없고 가진 것 없어도 그것을 자극과 촉매로 활용하기만 한다면, 그것이 곧 성공의 발판이 됩니다.

내가 서 있는 자리의 위치 에너지가 낮다면, 그것은 나를 그만큼 분발하게 하는 요소이니 감사할 일입니다.

나에게 자질이 부족하다면, 그만큼 겸허해져서 애쓸 일이니 감사할 일입니다.

내 몸이 허약하다면, 그만큼 건강의 소중함을 실감하고 살 것이니 감사할 일입니다.

작은 시야에서는 불평할 일도
큰 시야에서는 감사할 일이 됩니다.
내가 포용할 수 있는 인생의 품이 넓어질수록

감사할 일이 많아집니다.
인생을 깊이 음미하는 사람일수록
감사의 깊이가 심화됩니다.
인생은 감사하는 법을 터득해 나아가는
배움 마당인지도 모릅니다.

작은 일에라도 감사하면, 감사의 열매가 자꾸 열립니다.
열매 속에는 반드시 씨가 들어 있습니다.
감사의 열매를 거두어 실컷 먹고 나누면
그것이 그대로 씨가 되어
더 많은 감사의 열매로 돌아올 것입니다.

누군가에게, 무엇인가에 감사하는 마음을 품는 것은
당신의 삶 속에 더욱 더 많은 감사할 일들을 끌어당겨 준다.
—크리스티안 노스럽

백일 감사 오늘 나의 하루는 이렇게 감사로 물들었습니다.

■

■

■

63

내 안의 두려움 직면하기

말을 더듬는 청년이 있었습니다. 그는 특히 여자 앞에만 서면 더욱더 말을 더듬곤 했지요. 아무리 애를 써도 말을 더듬는 증상이 더욱 심해져 갔습니다. 이대로 가다가는 장가도 못 가고 외롭게 늙어갈 것이 뻔해 고민을 거듭하던 청년은 용기를 내어 상담가를 찾아갔습니다. 이것저것 테스트를 해본 후 카운슬러가 말했습니다.

"당신에게는 사실 아무 문제가 없습니다. 문제가 있다면, 의식적으로 말을 더듬지 않으려고 애를 쓴다는 점입니다. 전혀 그럴 필요가 없습니다. 말을 더듬는 사람들은 남을 속이지 못하는, 정직하고 순박한 사람들입니다. 바로 그런 점 때문에 오히려 말을 더듬는 남자를 좋아하는 여성들도 적지 않습니다. 이처럼 말을 더듬는 것이 장점이 될 수 있으니 애써 고치려고 하지 마세요. 차라리 말을 더 더듬으려고 해보세요. 그것이 좋은 배우자를 만나는 지름길이 될 수도 있어요."

말이란 원래 완전할 수가 없습니다. 말로는 속에 있는 감정을 다 표현할 수가 없습니다. 복잡한 심사를 말로 표현한다는 것은, 장님에게 피카소의 그림을 설명하려는 것과도 같습니다. 아무리 말로 표현해도 늘 역부족일 수밖에 없습니다. 다 담아낼 수가 없으니 말이 말을 낳고,

그렇게 우리는 꼬리를 물고 이어지는 말의 홍수 속에서 살아가고 있습니다.

있는 그대로 꾸밈없이 표현하려고 마음만 먹는다면 말이 많아지기는 해도 더듬지 않을 수는 있을 것입니다. 하지만 사람들은 자신의 있는 그대로의 모습을 드러내길 두려워합니다. 있는 그대로의 나보다 더 잘 보이고 싶어 하고, 어떻게든 더 낫게 보이고 싶어 합니다.

상대방이 날 어떻게 생각할지를 의식하게 되고, 걱정과 두려움 때문에 헤매다 보면 이것이 말을 더듬는 증세로까지 나타나게 됩니다.

말을 더듬게 될까 봐 걱정하고 두려워하면, 그의 머릿속을 가득 채우는 것은 유창하고 진실된 말로 상대방의 마음을 사로잡고 있는 자신의 모습이 아니라, 생각하는 바를 제대로 표현하지 못해 쩔쩔매는 모습일 것입니다. 말을 더듬는 사람은 대체로 그런 자화상을 그리게 마련이고, 마음의 그림은 현실에 그대로 복사되는 속성을 가집니다.

누구나 두려움을 안고 살아갑니다. 살아남지 못할까 봐, 사랑받지 못할까 봐, 경쟁에서 밀려날까 봐, 버림받을까 봐, 원하는 것을 갖지 못하게 될까 봐 느끼는 두려움들…….

두려움에서 벗어나려면, 밀어닥치는 두려움에서 벗어나려고 두려움에 저항하는 마음부터 내려놓아야 합니다. 두려움에서 벗어나려고 하면 할수록 두려움은 오히려 힘이 세어지기 때문입니다. 두려움은 올가미 같은 것이라 한 번 걸려들면 헤어나기 어렵습니다. 떨쳐버리려 발버둥칠수록 오히려 더 깊이 두려움의 수렁에 빠지게 됩니다.

애써 외면하려는 것 또한 도움이 되지 않습니다. 잠재의식 속에 더욱 몸을 감출 뿐, 두려움 자체가 사라지는 것은 아니기 때문이지요. 두려움을 속속들이 던져버리기 위해서는 그 두려움을 정면으로 들여다보고 인정해야 합니다. 인정하고 받아들여야 합니다. 나는 무엇을 두려워하고 있는가? 내가 두려워하는 것이 무엇인지 그 실체를 인정하고, 그런 나 자신을 껴안아 주어야 합니다.

어떠한 두려움이든, 그것은 우리로 하여금 그것을 넘어서게 하기 위해 거기에 존재합니다. 우리를 공부시키고, 깨닫게 하기 위해서 존재합니다. 그것을 회피한다면 그 두려움은 언젠가 다시 우리에게 찾아들 것입니다.

자신이 무엇을 두려워하고 있는지 인정해 보십시오.

두려움은 홑겹으로 존재하는 것이 아닙니다. 양파 껍질처럼 표면의 두려움을 벗기면, 또 다른 두려움의 속살이 나타납니다. 그러니 되도록 정직하게, 마지막 겹까지 벗길 수 있어야 합니다. 두려움 앞에서 옷을 껴입으려 하지 말고 훌훌 벗어 던질 수 있어야 합니다.

그러고는 그것이 나 자신의 배움을 위해, 깨달음을 위해 존재해 준 것에 감사할 수 있어야 합니다. 사랑을 주지 않으면 우리는 그 무엇도 변화시킬 수 없습니다. 두려움 또한 마찬가지입니다. 그 두려움을 껴안고 사랑해 주어야 합니다. 두려움에 떠는 자신의 모습을 내려다보고, 그것이 바로 삶의 실체라는 것을 인정하고 받아들일 수 있어야 합니다. 두려움의 얼굴을 정면으로 바라보고, 그것과 더불어 한 걸음 한 걸음 앞으로 나아가야 한다는 사실을 받아들이는 것—그것이 두려움에서 벗어나는 첫걸음입니다.

이처럼 자신의 마음을 있는 그대로 알아차릴 때,
'벌거벗은 마음 보기'의 이 가르침,
자기 해방의 이 가르침은 지극히 심원한 것이 되나니,
그러면 그대 안에서 그대 자신의 지혜를 찾으라.

—파드마삼바바, 『티벳 해탈의 서』

백일 감사 오늘 나의 하루는 이렇게 감사로 물들었습니다.

■

■

■

64

우리 안의 두려움 다루기

세상 만물은 자신의 존재 가치를 위해 투쟁합니다. 그러기에 살아 있는 모든 것들에게는 자기 설 자리를 잃는 것보다 더 큰 비극이 없습니다. 삶이라는 연극 무대에 올라선 당신에게 연출자가 갑자기 "당신이 맡을 만한 역할은 없어!"라고 선언한다면, 기분이 어떻겠습니까?

두려움 또한 마찬가지입니다. 두려움 또한 나름대로 역할을 하기 위해 이 세상에 존재하고 있다고 할 수 있습니다. 두려움의 존재를 부정한다면, 두려움 또한 자신의 생존을 위해 저항합니다. 그리고 생존을 위한 저항보다 거칠고 드센 것은 없습니다. 자신의 존재를 증명하기 위해, 두려움은 자신이 지닌 모든 힘을 쏟아부을 것입니다.

그런 두려움을 보듬고 껴안아 주어야 합니다. 그 실체를 인정하고 쓰다듬으며, 사랑의 체온으로 녹여 주어야 합니다. "맡은 바 역할이 없으니 물러가라!"는 말과 "맡은 바 역할이 다 끝났다."라는 말은 천국과 지옥만큼이나 차이가 있습니다.

두려움의 역할에 감사하고 고마워하면서 사랑을 보내면, 두려움은 애써 증명하려 하지 않아도 자신의 역할을 다했음을 알아차리고 스스로

퇴장할 것입니다.

두려움을 끌어안고 받아들여 사랑으로 변화시킨 다음에는 그 빈 자리를 다른 그림으로 채워야 합니다. 넉넉한 우주의 품 안에서 삶이라는 기적을 연출하면서, 기쁘게 사랑을 나누며 살아가는 자신의 모습을 담은 그림을 그려 보십시오.

> 우리가 자유와 기회를 부여받은 인간의 몸으로 태어난 것은 정말 큰 행운입니다. 이렇게 드문 기회를 어떻게 사용할 것인지 생각하세요. 자신에 대해 환희와 자랑과 감사를 느끼세요.
>
> —로버트 서먼 · 태드 와이저, 『티베트의 영혼 카일라스』

매일 감사 오늘 나의 하루는 이렇게 감사로 물들었습니다.

■

■

■

65

민들레 이야기

“등 뒤에서 문이 닫혔다. 등 뒤에서 문이 닫히는 것은 흔히 겪는 일이다. 문이 닫히면 우리는 집 안에 있거나 집 밖에 있게 된다. 문이란 그렇게 최종적으로 닫아 잠그고 내쫓는 성질을 갖는다.”

2차대전에 참전하여 얻은 지병으로 스물여섯에 요절한 볼프강 보르헤르트의 손바닥소설 「민들레」는 이렇게 시작됩니다. 432호 감방 문이 닫히고 거기에 갇힘으로써 ‘자기 존재와 단 둘이만 남게 된 나’는 이렇게 토로합니다.

“그렇다, 홀로 남은 것은 아니다. 나는 내가 가장 두려워하는 바로 이 존재와 함께 유폐되었으니까. 그 존재란 바로 나 자신이다. 너는 아느냐? 네가 너 자신에게 떠넘겨져 있다는 것, 네가 오로지 너와 함께 단 둘이만 남아 있다는 것, 네가 오직 너 자신에게만 내맡겨져 있다는 것이 어떤 것인지. 자기 자신을 만난다는 것, 그것이 무조건 두려운 것이라고 말할 수는 없다. 하지만 그것은 우리가 이 세상에서 겪을 수 있는 최고로 불쾌한 모험 가운데 하나다. 벌거벗은 채, 의지할 데 없이, 자기 자신 외에는 그 무엇에도 집중하지 못하고, 이곳 432호 감방에서처럼 그렇게 자기 자신을 만난다는 것.

행동할 기회를 완전히 박탈당한 채 존재한다는 것은 매우 품위를 떨어뜨리는 일이다. 마시거나 깨뜨려 박살낼 병 하나 없다. 목을 맬 손수건 한 장 없다. 동맥을 끊어낼 칼 한 자루 없다. 글을 쓸 펜 하나 없다. 있는 것은 오로지 자기 자신뿐이다."

그렇게 자기 존재와 힘겨운 싸움을 벌여야 하는 감방 문도 하루에 한 번씩은 열립니다. '나'는 다른 동료들과 함께 운동장을 스무 바퀴씩 돌며, 너무나 낯설어서 한참이나 익숙해지려고 애쓰지 않으면 안 되는 태양빛 아래에서, '축제'와도 같은 '작은 행복'을 누립니다. 그리고는 '지저분한 녹색의 잔디밭' 가장자리에서 '살아 있는 화사한' 무엇인가를 발견합니다. 노란 빛깔의 작은 민들레 한 송이를.

민들레를 발견한 사람은 아무도 없는 것 같습니다. 그러니 민들레는 온전히 '나' 혼자만의 것입니다. 그래서 '은밀히 숨겨둔 애인'처럼 운동장을 돌 때마다 민들레에 눈길을 주며, 이 민들레를 제대로 소유할 수만 있다면 날마다 배급받는 빵을 남에게 다 주어버릴 수도 있을 것이라고 생각합니다.

'나'는 하루에 조금씩 뜀박질 방향을 틀어 민들레 가까운 곳으로 행렬이 지나가게 만듭니다. 그리고는 마침내 작은 꽃 하나를 번개처럼 나꿔채지요. 독방에 돌아온 '나'는 '작고 노란 꽃잎에서 민들레의 실체를 탐욕스럽게 들이마십니다.' 그리고는 마치 애인을 다루듯이 조심스럽게, 물컵에다 지쳐 있는 그 작은 꽃을 집어넣지요.

'살아 있는 생명체여, 네게서 태양과 바다, 벌꿀 냄새가 나는구나!'

민들레의 순결을 냄새 맡으며 '나'는 행복합니다. 고독이라든가 감옥이라는 낱말이 주는 그 모든 괴로움도 떨쳐버리고, 양철 물컵을 붙들고 '나'는 잠이 듭니다. 그리고는 자신이 흙으로 돌아가는 것을 느끼고, 자신의 몸 위에 꽃들이, '조그맣고 여린 태양들이' 피어나는 것을 느낍니다. 아네모네, 미나리아재비, 그리고 민들레가 피어나고 있다는 것을.

> 일흔이 되어서야 내 마음 깊은 곳에 별처럼 아름다운 생각을 품게 되었다. 그 생각은 일할 때나 깊은 정적의 시간에나 내게 신비의 빛을 던진다. 일흔이 되어 내 마음 깊은 곳에 감추어둔 그 생각, 반딧불처럼 반짝이는 그것은 아무도 파괴하거나 어둡게 하지 못하나니 안개나 어둠도 그 빛을 변질시키지 못하리. 아아, 일흔 살에야 나는 마음 깊은 곳에 부서뜨릴 수 없는 빛을 가졌노라.
>
> —토마스 하디

오늘 나의 하루는 이렇게 감사로 물들었습니다.

■

■

■

66

낙하산을 펼치고 행복의 대지 위에

슬픔은 무겁습니다.
기쁨은 가볍습니다.
내가 지금 하고 있는 일에 감사하는 마음이 들지 않는다면
삶이 무거워집니다.
삶이 무겁게 느껴진다는 것은
직업으로 삼고 있는 일을 억지로 하고 있다는 방증이 아닐까요?

감사하는 마음은
우리의 삶에 날개를 달아줍니다.
낙하산을 활짝 펼치고
행복의 대지 위에 안착하게 해줍니다.

커다란 감사로 자신을 받아들여라. 존재하는 것은 무엇이든 있는 그대로 존재하며, 다르게는 존재할 수 없다. 그러므로 그것과 싸우지 말라. 어떤 사실도 심리학적 고통을 창조하지 않는다. 고통을 일으키는 것은 사실에 대한 해석이다. 고통은 그대의 창조물이다. 그것은 그대의 해석

이기 때문이다. 그 해석을 바꿔라. 그러면 동일한 사실이 기쁨으로 변한다. 모든 해석을 내려놓으라, 그러면 사실은 그저 사실일 뿐, 고통스럽지도 기쁘지도 않다. 선택하지 말라. 어떤 것도 선호하지 말라. 단지 지켜보며 받아들이고 주시하라. 그러면 그대의 손에 비밀의 열쇠가 쥐어질 것이다.

—오쇼 라즈니쉬

오늘 나의 하루는 이렇게 감사로 물들었습니다.

■

■

■

67

분노와 사귀는 법

레오나르도 다 빈치가 '최후의 만찬'을 그리고 있을 당시였습니다. 다 빈치를 돕던 조수가 실수로 페인트 몇 방울을 캔버스 위에 떨어뜨리고 말았습니다.

"이 쓸모없는 놈 같으니라구! 넌 도대체 무엇 때문에 살고 있는 거냐?" 다 빈치는 젊은 조수에게 욕설을 퍼부었습니다. 너무도 명백한 실수인지라 조수는 아무 대꾸도 하지 못하고 쫓기듯이 방을 나가버렸습니다. 혼자 남은 다 빈치는 작업을 계속하기 위해 붓을 들었으나 도저히 손이 나가지 않았습니다. 이제 막 붓칠을 하려던 예수의 얼굴을 잠자코 바라보고 있을 수밖에 없었지요.

그를 이끌어갔던 예술에 대한 열정과 사랑이 잠깐 사이에 흔적 없이 사라져버렸습니다. 조수의 사소한 실수가 창조의 불길에 여지없이 찬물을 끼얹은 것이지요.

하지만 다 빈치는 오래지 않아 중요한 사실을 깨달았습니다. 첫째, 조수를 원망하고 분노해 보았자 자신의 작업에 방해가 될 뿐이라는 것. 둘째, 자신이 터뜨린 분노는 결국 자신에게 손해를 끼친다는 것.

다 빈치는 붓을 던지고 밖으로 나가 조수를 찾아 함께 돌아왔고, 조수에게 자신의 성급함을 사과하고 용서를 구했습니다. 그러고 나니 다 빈치는 다시 붓을 잡을 수 있었습니다. 수많은 사람들에게 감동을 안겨준 대작은 이렇게 해서 완성될 수 있었습니다.

분노는 독버섯과 같습니다. 분노에 사로잡히면 우리 몸에서는 독소가 나옵니다. 개 한 마리를 네 시간 동안 감금 상태에서 때린 후 검사해 보았더니 시안이라는 독소가 다량 검출되었는데, 그 양이 개 80마리를 능히 죽일 정도였다고 합니다.

누군가를 사랑하거나 미워하는 것은 결국 자기 자신을 사랑하거나 미워하는 것입니다. 그 사실을 깨달아 대낮처럼 마음이 환히 밝아진다면, 분노가 폭발하려는 순간에도 잠시 여유를 갖고 다시 생각해 볼 수 있을 것입니다.

분노와 절망은 거꾸로 잡은 칼이다. 그것은 나를 상처낼 뿐이다.
—김진영 (철학자)

매일 감사 오늘 나의 하루는 이렇게 감사로 물들었습니다.

■

■

■

68

삶을 떠받치는 거룩한 힘에 대하여

언제 어디를 가나 외로운 사람들로 넘쳐납니다. "울지 마라, 외로우니까 사람이다. / 살아간다는 것은 외로움을 견디는 일이다"(정호승의 "수선화에게" 중에서)라는 시 구절에 수많은 이들이 공감대를 형성하는 것에서 알 수 있듯이.

외로움을 가득 머금고 거리를 걷는 사람들, 밥을 먹는 사람들, 수다를 떠는 사람들…. 지구는 외로움의 인플루엔자에 감염된 사람들로 만원입니다.

외로움 때문에 립스틱 짙게 바르고, 외로움 때문에 하염없이 수다를 떨고, 외로움 때문에 머리를 자르고, 외로움 때문에 사우나에 가서 뜨거운 증기로 몸을 익히고, 외로움 때문에 외로운 사람들끼리 만나서 외로움을 이기겠다면서 사랑이라는 이름으로 몸을 비빕니다.

외로움과 외로움이 만나서 몸을 비비면 외로움이 덜어질까요? 외로움(—)이 외로움(—)과 곱하기를 하면, 플러스가 될지도 모르지요. 잠시 잠깐 동안이라 할지라도. 그래요, 어쩌면 그렇게 외로움을 견디는 방법을 찾아 헤매다가 지구인 대부분의 삶이 마감되어 왔는지도 모릅니다.

외로움을 견디는 것이 인생이라면, 그것처럼 비참한 것이 또 있을까요? 외로움이 외로움을 만나 이것이 인간적인 삶이라고 공허한 위안이나 주고받으면서, 사랑이라는 이름으로 속은 텅 텅 빈 남자와 여자가 만나서 서로가 함께 있음으로써 그만큼 공허한 가슴이 채워졌을 것이라는 부질없는 환상을 키우면서, 그렇게 시간 떼우고 이 지구 여행을 끝마칠 수는 없는 노릇이지요.

외로운 몸짓, 마음짓 들을 그만 거두고, 새로운 희망을 찾으려면 어찌 해야 할까요?

한계가 있을 수밖에 없는 몸을 주인으로 여기고, 몸의 살림살이를 위해 시간을 바치는 인생이라면, 그리하여 부유해진 몸뚱아리 살림살이를 자존심의 전부로 삼아서는, "사무치는 외로움"을 치유할 길은 멀고 멀 것입니다. 몸을 주인으로 여기는 거짓된 사랑은 하면 할수록 더욱 공허해지고, 갈증만 더해갈 뿐입니다.

우리 모두는 우리가 생각하는 우리가 아닙니다. 우리는 우리가 생각하는 것보다 훨씬 더 밝고, 강력한 존재들입니다. 철새들 길을 잃지 않고 고향을 찾아가는 그 힘이, 아스팔트 사이에서도 꽃을 피우는 민들레 한 송이의 그 기적이, 우리 안에도 깃들어 있습니다.

우리의 존재를 떠받치는 '거룩한 힘'을 잊고 산다면, 그것은 소인배들의 삶입니다. 중용에서 말하는 신기독(愼其獨)이란, 바로 그런 거룩한 힘(道)과 따로 떨어져서 사는 것을 삼가라는 뜻입니다. 그 힘과 늘 함께 하는 것이 군자이고, 그 거룩한 힘이 없는 것처럼 외로움 타면서 살아가는 것이 소인배입니다. 거룩한 그 힘과 함께 할 때에, 우리는 더 이상 외로움에 찌들지 않습니다. 구걸하는 사랑에 습관화되지 않을 수 있습니다. 사랑결핍증에 신음하지 않을 수 있습니다. 거룩한 힘과 함께 하는 사랑이라야 온전히 채워지는, '충만한 과즙'을 맛볼 수 있고, 거기에 거할 수 있습니다.

어떻게 해야 내 존재를 떠받치는 '거룩한 힘'을 실감할 수 있을까요? 무엇보다도, 자기의 알량한 견해들을 송두리째 내려놓아야 합니다. 신께 기도를 드릴 때에는, "이렇게 저렇게 해주십시오." 하는 청탁형이나 주문형 기도를 하지 말아야 합니다. 그렇게 좁은 소견으로 빛이 내려오는 길을 가로막으면 안 됩니다. 알량한 견해를 내려놓고 텅 빈 마음이 되는 것, 그것이 빛이 내려오는 필요충분 조건입니다.

> 그대의 가슴 센터가 다시 깨어날 때, 그대는 확장된 비전을 경험하게 될 것이다. 그대 주변의 땅이 갑자기 아침 햇살보다 훨씬 더 미묘하고, 훨씬 더 아름답고, 훨씬 더 풍요로운 빛으로 밝아지리라. 이렇게 빛나는 광선들은 평범한 인간들의 눈에는 보이지 않는 특별한 종류의 빛이다.
>
> —루비 넬슨, 『문: 길은 언제나 내 안에 있다』

오늘 나의 하루는 이렇게 감사로 물들었습니다.

■

■

■

69

존재를 음미하는 시간

고요한 침묵 속에서 존재를 음미하는 시간을 갖지 않는다면 인생이 얼마나 공허해질까요? 내 존재이든, 사랑의 이름으로 가장 가까이에 있으나 정말로는 잘 알지 못하고 있는 것이 분명한 타인의 존재이든, 흘러가는 구름이나 강물이든, 장미 한 송이이든, 가만히 가만히 그 존재의 소리를 귀 기울여 듣는 것, 그 존재의 중심을 슬그머니 만지는 듯하는 느낌을 갖는 것, 그것은 곧 기적을 내 삶의 옷자락 안으로 끌어들이는 일입니다.

존재의 중심에서부터
노을처럼 번져 나가는 삶을 살기.

바깥에서 가지고 온 것으로
나를 채우려고 하지 않기.

그래도 늘
충분하다는 것을 알아차리기.

풀잎 하나가 별들의 운행에 못지않다고 나는 믿는다.
개미 역시 똑같이 완전하고
모래알 하나, 굴뚝새의 알 하나도 그렇다고 나는 믿는다.
청개구리는 최고의 걸작품이다.
땅에 뻗은 딸기 덩굴은 천국의 응접실을 장식할 만하다.
내 손의 가장 작은 관절이라도
그것을 능가할 만한 기계는 세상에 없다.
고개를 숙인 채 풀을 뜯는 소는 어떤 조각품보다도 훌륭하다.
그리고 한 마리 새앙쥐는
몇 억의 무신론자들을 깜짝 놀라게 하기에 충분한 기적이다.

—월트 휘트먼, 「한 마리 생쥐의 기적」

매일 감사 **오늘 나의 하루는 이렇게 감사로 물들었습니다.**

■

■

■

70

다시 시작할 수 있는 조건

영화 「슈퍼맨」으로 일약 세계적인 스타가 된 크리스토퍼 리브는 만능 스포츠맨이었습니다. 하지만 그의 모든 영광은 승마대회에 출전한 그가 말에 떨어지는 것으로 급작스레 막을 내리고 맙니다. 닷새 후에야 의식이 돌아온 대형 사고였습니다.

전신마비를 선고받고 목 아랫부분을 움직일 수 없게 되었습니다. 그는 살고 싶지 않았습니다. 다른 사람들에게 무거운 짐이 되면서까지 살고 싶지는 않았기 때문입니다.

'나는 왜 죽지 않았을까? 왜 살아남아서 다른 사람들을 괴롭히고 있는가?' 그런 질문이 끈질기게 따라다녔습니다. 수술을 앞두고 약혼자가 병실에 들어오자, 그는 호소했습니다. "이제 우리는 더 이상 함께 할 수가 없어. 제발 나를 그냥 내버려둬. 그것이 당신뿐만 아니라 나 자신을 위하는 길이기도 하다구."

그러자 그녀는 눈물을 흘리며 말했습니다. "난 당신이 하자는 대로 할 수밖에 없어요. 지금은 그렇게밖에 할 수 없어요. 당신 삶이니까요. 하지만 난 당신이 어떻게 되든 언제까지나 당신과 함께 있을 거예요.

내 마음을 알아주세요. 어떤 상황에 처하든, 당신은 여전히 당신이에요. 그리고 난 지금도 여전히 당신을 사랑하고 있어요."

연인의 그 한마디가 그에게는 구원의 복음이었습니다. 자신이 어떻게 되더라도, 설령 모든 기능이 마비된다고 해도, '여전히 당신은 당신'이라는 그 말이 그에게 실낱같은 한 줄기 희망이 되어주었습니다.

세상에서 사라지는 것만이 최선이라고 생각했던 그에게, 어쩌면 삶이라는 게 가능할지도 모른다는 희망의 햇살이 비치기 시작했습니다. 그는 어느덧 우스갯소리를 할 정도로 여유를 되찾아갔습니다. 그는 입술을 달싹거려 말을 지어냈습니다. "이봐, 그런 말은 말이야, 병들 때나 건강할 때나 영원히 함께 하겠다는 결혼서약보다 훨씬 진한 말이라구."

연인은 "나도 알아요."라고 말하면서, 눈물을 보였습니다. 그는 그때 알 수 있었지요. 그녀가 영원히 자신과 함께 하리라는 것을. 그가 앞으로 해야 할 일이 있다면, 그 모든 역경을 이기고 사람들에게 짐이 되지 않도록 애쓰고 애쓰는 일뿐이라는 것을.

예상을 깨뜨리고 그는 다시 '슈퍼맨'으로 부활합니다. 휠체어를 타고 영화를 제작 감독하고, 다시 배우로 출연하고, 2004년 세상을 떠날 때까지 세계 곳곳에서 용기와 희망을 나눠주는 일을 했습니다.

사랑이야말로 삶의 물레방아를 돌아가게 하는 근원적 힘입니다. 별과 별이 천공에서 서로를 밀고 당기며 힘의 균형을 유지하면서 떨어지지 않고 제 갈 길을 가듯, 사랑은 서로를 떠받쳐주어 우리 모두를 육신 이상의 지고한 무엇이 되게 해줍니다.

과학자들이 인간 존재의 가장 순수한 소립자를 추출할 수 있다면, 그래서 그것을 현미경으로 들여다볼 수 있다면, 그들은 '무한한 사랑'이라는 소립자를 보게 될 것이다.
아무 조건 없는 무한한 사랑, 그것이 인간의 정수이자 본질이다. 그것이 인간 존재라는 옷감을 떠받치고 유지하는 씨줄과 날줄이다. 그것은 또한 창조주의 정수이기도 하다. 우리 모두가 다 창조주의 불꽃이며, 모두가 다 경이로운 창조주의 소립자들이다. 우리들 각자는 위대한 창조주의 세포들이며, 가장 순수한 소립자들이다. '무한한 사랑'의 소립자들이다.

—솔텍

오늘 나의 하루는 이렇게 감사로 물들었습니다.

■

■

■

71

이것이 바로 나야!

꿈의 무대로 전세계를 매료시킨 남자 '바넘'의 이야기에서 영감을 받은 뮤지컬 영화 「위대한 쇼맨」은, 별난 재주를 지녔지만 열등감이나 상처로 숨어 사는 사람들을 무대 위로 끌어내는 이야기입니다. 마침내 모든 상처와 아픔을 이기고 무대 위로 나서며 그들은 "디스 이즈 미"를 힘차게 노래 부릅니다.

나는 이 어둠이 너무나 익숙해.
다들 나에게 숨어 살라고 말하지.
내 흉한 모습이 보기 싫다고.
난 내 모든 상처를 부끄러워며 살았지.
사람들은 다들 도망치라고 말했어.
아무도 널 사랑하지 않을 거라고.

하지만 그들 때문에 주저앉진 않을 거야.
우리도 당당히 살아갈 자격이 있어.
우린 너무나 멋진 존재이니까.

잔인한 말로 나에게 상처를 줘도
파도에 모두 쓸어 보내버릴 거야.
나는 용감해, 비록 상처를 입었지만.
이것이 나의 숙명이고, 이것이 바로 나야.
기다려, 내가 지금 나갈 테니까.
난 이제 남의 장단에 춤추지 않을 거야.
이젠 어떤 시선도 두렵지 않아.
누구에게도 미안하지 않아, 이것이 나니까.

포장도로나 세탁기같이 하찮게 여기던 것들에서 숭고함을 볼 수 있는가?
모든 상황에 내재한 '선'을 찾는 데 관심을 기울인다면
어느 순간 당신의 인생은 영혼을 살찌우는 감사로 충만할 것이다.
—랍비 해럴드 쿠시너

오늘 나의 하루는 이렇게 감사로 물들었습니다.

■

■

■

72

당신을 부르는 소리

어딘가를 향해 총총걸음으로 바삐 가고 있는데, 누군가 뒤쪽에서 당신의 이름을 부릅니다. 두말할 나위도 없이, 당신은 걸음을 멈추고 돌아볼 것입니다. 누구야? 왜?

아주 기본적이고 기본적인 당신의 반응, 여기에 커다란 물음표를 하나 붙여 봅시다. 당신의 이름을 부르는 소리가 공기 중에 울려퍼져서 당신의 귀에 가 닿았을 때, 그 소리를 누가 어떻게 알아들었을까? 당신의 이름 소리가 들렸을 때, 당신의 어떤 부위가 어떤 과정으로 그것이 당신을 부르는 소리임을 알아차리고 "네"라고 대답을 하게 되는 것일까요? 당신이라고 정의되는 당신의 존재는 무엇일까요? 고막의 자극이 신경회로를 통해 뇌로 전달되어, 뇌가 당신의 혀와 입술에 명령을 내려 어떤 말인가로 반응을 하게 합니다. 그 일련의 과정은 도대체 어떻게 누가 이루어지게 하는 것일까요?

당신을 당신이라고 알아차리는 그 존재의 범위는 어디에서부터 어디까지일까요? 두뇌의 한 부분이 알아차리고 수만 가지 반응을 하는 등으로 주인 노릇을 한다면, 그 주인 되는 부분을 제거하면, 어떻게 될까요? 당신이라는 존재는 이 세상에서 감쪽같이 영영 사라져버리는 것일까요? 우리의 뇌가 곧 우리 자신이라는 등식이 성립되는 것일까요?

하지만 그렇다고 할 수가 없습니다. 당신의 뇌가 당신 자신이라고 할 수 없는 수많은 증거가 있습니다. 뇌는 생각보다 많은 오류를 일으킵니다. 과거의 기억을 자기 편리할 대로 바꾸어서 기억하기도 하고, 리얼하게 반복되는 상상을 현실로 착각하기도 합니다. "상상은 현실이 된다."는 위대한 명언은, 우리가 뇌를 부릴 수도 있다는 것을 단적으로 말해 줍니다.

뇌는 우리 자신이 아닙니다. 우리는 뇌를 다루는 존재이고 뇌의 주인인 것이지, 뇌가 우리의 컨트롤 타워는 아닌 것입니다.

누군가 당신의 이름을 부르면, 당신이 당신임을 반응하는 그 주인공은 누구인가요? 무엇인가요?

인생의 모든 문제는 이 주인공 자리를 잊어버리고 자신의 위치에너지를 낮게 평가하는 데서 오기 때문에 생기는 것이 아닐까요?

당신은 두뇌가 아닙니다. 당신은 당신이 가진 것이 아니고, 장차 더 잘 나가게 될 당신도 아닙니다. 당신의 자리(위상)가 당신이 아닙니다. 당신은 지금 배우의 역할을 하고 있지만, 당신이 하찮은 역을 맡고 있든 소위 잘 나가는 주역을 맡고 있든, 당신은 배우 자체가 아닙니다. 진정한 당신은 당신이 맡은 배역이 아닙니다. 인생의 괴로움은 자신을 배역과 동일시하는 데서 오는 것이 아닐까요? 당신이 곧 배역이라고 동일시하는 것은, 당신의 뇌를 당신의 모든 것이라고 오해하는 것이나 다름이 없습니다. 당신은 배역을 맡아 연기에 몰입하고 있지만, 당신의 존재는 배역만이 아닙니다. 당신은 프로듀서이자 작가

이기도 합니다.

이제는 프로듀서이자 작가로서의 자기 자신을 찾아 나서야 할 시간입니다. 해답은 이미 당신이 가지고 있습니다. 누군가 당신의 이름을 부를 때, 누가 알아듣고 대답을 합니까?

당신은 당신이 생각하는 것보다 훨씬 크고 훨씬 밝은 존재입니다.

너의 숨소리 듣고 네 옆에
내가 있음이 그냥 행복이다.
이 세상 네가 살아있음이
나의 살아있음이고 존재의 이유다.

—나태주, 「끝끝내」 중에서

매일 감사 오늘 나의 하루는 이렇게 감사로 물들었습니다.

■

■

■

73

어느 현자의 충고

직장에서 인간관계로 고민하고 갈등하던 사람이 현자를 찾아가 길을 물었습니다. “제 상사는 저를 눈엣가시처럼 여기고 있는 것 같아요. 사사건건 비판하고, 모욕적인 언사를 예사로 합니다. 저의 잘못을 찾아내려고 일부러 눈을 부릅뜨고 지켜보는 것 같아요. 제가 어떻게 해야 하죠? 상사가 바뀌기를 기다려 왔지만 이젠 정말 지겨워요.”

말이 끝나자마자, 진기한 일이 일어났습니다. 현자의 눈에서 영혼의 불꽃 같은 것이 그의 눈 안으로 전해져 온 것입니다. 그는 마치 현자의 눈을 통해서 사물을 바라보고 있는 것 같은 느낌을 받았습니다. 깊은 사랑이 그의 가슴속으로 흘러들었고, 현자의 숨결과 맥박이 고스란히 그의 것이 되었습니다.

현자가 말했습니다. “자기 자신을 향해서 말하십시오. ‘나는 강하지만 더없이 부드럽다. 나는 힘이 세지만 내 안에는 평화와 사랑이 흘러넘친다. 나는 나 자신을 충분히 방어할 수 있지만, 더없이 친절하다. 나는 열정적이지만, 그렇다고 해서 극단적이지는 않다.’ 이런 긍정적인 말을 자신에게 되풀이하여 들려주십시오.”

현자는 잠시 후 좀더 현실적인 대안을 이야기해 주었고, 그 말 속에 깃든 진실과 지혜는 그의 전 존재에 메아리처럼 울려 퍼졌습니다. 그의 세포 하나하나에는 현자가 전해주는 진동이 그대로 흡수되고 있었습니다.

"상사의 머리 꼭대기에 올라가려고 애쓰지 마십시오. 그가 하는 행동에 일일이 신경을 쓰지 마십시오. 거기에 에너지를 소모할 필요가 없습니다. 그럴수록 당신은 거기에 힘을 부여하게 됩니다.

자꾸 신경이 쓰인다고 해서 그런 자신을 너무 나무랄 필요도 없습니다. 부정적인 생각을 거두려고 애쓰는 것 자체가 오히려 부정적인 것에 더 많은 에너지를 실어주게 됩니다. 누군가가 나를 해치려 한다는 생각이 들거든 그저 너그럽게 웃은 다음, 그런 부정적인 생각을 일으킨 당신 자신을 아무것도 모르는 어린아이 대하듯 하십시오. 그러고는 그 자리에 풍요로운 당신 자신을 가져다놓으십시오.

그런 공격에 일일이 대항해야 할 만큼 당신 자신은 가난하지 않다는 점에 주목하십시오. 저마다 자신의 갈 길이 있는데도 누군가 자신의 인생에 끼어들려 한다면, 거기에 맞장구를 치며 화내고 분노하기는 아주 쉬운 일입니다. 하지만 거기에 맞서 싸우지 않는 자존심이라는 것도 있는 법입니다.

당신이 진실로 힘써야 할 일은, 당신이 진실로 누구인지를 아는 일입니다. 당신은 사소하고 보잘것없는 존재가 아닙니다. '더 큰 나'를 아는 일에 모든 힘을 집중시켜야 합니다. 당신의 중심을 똑바로 세우고, 그런 자신을 사랑하십시오. 그렇게 되면 누구도 당신에게 영향을 미치지 못할 겁니다.

다른 사람이 두려움과 탐욕에서 비롯된 행동을 하더라도 그를 불쌍하게 생각하십시오. 당신 자신을 위해 일하고, 당신 자신을 꿋꿋하게 세우십시오. 사랑과 연민을 잃지 마십시오. 심장의 중심부에 머물면서 가슴으로 일하십시오. 두려움이 아닌 사랑으로 일하십시오.

두려움은 당신을 혼란스럽게 하고, 긴장하게 만들고, 극단적으로 반응하게 유도합니다. 하지만 당신 가슴속에 흐르는 사랑의 힘은 당신으로 하여금 아주 천천히, 깊이 호흡하게 하고, 여유있게 반응하도록 이끌어줍니다. 그 사랑의 힘을 따르도록 하십시오.

당신이 상대방에게 힘을 부여하지 않는 한, 아무도 당신에게 영향력을 행사하지 못합니다. 당신의 힘을 거두어들이십시오. 다른 사람이 나를 해치지나 않을까 하는 괜한 두려움으로 에너지를 소모하지 마십시오. 오히려 그 사람을 축복하십시오.

그런 상황이 벌어진 것을 축하하십시오. 당신이 올바르다고 생각하는 행동을 하고, 결과는 신의 손에 맡기십시오. 그러면서도 유머 감각을 잃지 마십시오. 당신은 상황을 너무 심각하게 받아들이고 있습니다. 생사가 걸린 것처럼 매달리지 마십시오. 드라마 속으로 빠져들지 말고, 삶을 느긋하게 즐기십시오.

사실 이 드라마의 모든 장면을 디자인한 것은 당신이라는 사실을 알아차리십시오. 당신은 이 드라마의 연출자이자 연기자입니다. 당신은 너무나 멋진 드라마를 만들어 놓고는 단지 그것이 드라마라는 사실을 잊어버린 것뿐입니다. 거기에 너무 집중한 나머지, 드라마가 어떻게 진행되고 있는지를 이해하지 못하고 있는 것입니다.

당신 자신이 이 드라마의 연출자라는 것을 이해할 수 없다고 해도 좋습니다. 우주는 그럴만한 이유가 있어서 당신을 그 자리에 배치한 것입니다. 당신을 더 강하게 만들기 위해서 그런 상황을 만든 것입니다.

그곳, 그 자리에 그 상사가 없다면 당신을 그와 똑같은 태도로 대하는 또 다른 사람이 있었을 것입니다. 그러니 상대가 누구이든 그를 탓하지 말고, 그를 변화시키려고 애쓰지도 마십시오. 당신 자신을 먼저 변화시키십시오."

현자의 말은 그의 가슴에 진한 감동으로 울려 퍼졌습니다. 그는 현자의 무한한 사랑을 온몸으로 느끼며, 눈물을 글썽거렸습니다. 웃음 띤 얼굴로 서로의 눈을 바라보며 그들은 한동안 그렇게 서로의 영혼 속에 머물러 있었습니다.

현자에게 깨달음을 얻은 사람의 이름은 에어리얼 포드입니다. 그는 훗날 『신비한 영혼을 위한 핫 초콜릿』이라는 수필집에서 "내 인생의 문은 그렇게 활짝 열렸다"라는 제목으로, 자신의 변화된 이야기를 소개한 바 있습니다.

결핍감에서 벗어나는 첫 계단은,
당신이 이미 가지고 있는 모든 것에,
당신의 됨됨이 자체에 감사를 하는 일이다.

—웨인 다이어

나는 날마다 다시 태어난다,
하늘의 힘을 보고 듣고 만지고 숨쉬면서.
태양의 환한 빛,
달의 은은한 빛,
위로만 타오르는 불,
동서남북으로 순식간에 번쩍이는 번개,
천지만물을 제 맘대로 만지고 다니는 바람,
광활하고 깊은 바다,
대지의 넉넉한 풍요로움,
오랜 세월 변하지 않는 견고한 바위….

—켈트족의 오래된 기도문

오늘 나의 하루는 이렇게 감사로 물들었습니다.

■

■

■

74

자연과 친해지기

인디언 부족은 햇살 좋은 날을 골라 부족의 젊은이에게 '서 있는 키 큰 형제'를 소개하는 의식을 치릅니다. 의식이 치러지는 동안 젊은이는 눈가리개를 한 채로 지내야 합니다. 추장은 눈가리개를 한 젊은이를 마을 근처의 큰 나무 아래로 데려가 앉혀놓고는 사라져버립니다.

젊은이는 눈을 가린 채 하루종일 그 나무와 함께 보내야 합니다. 젊은이는 나무를 끌어안기도 하고, 나무 밑동에 머리를 대고 누워서 대지가 불러주는 노래를 자장가 삼아 잠을 청하기도 합니다. 나무의 등에 귀를 대고 수액이 타고 올라가는 소리를 듣기도 하지요.

어디선가 날아오는 꽃향기에 코를 흠흠거리고, 바람소리, 새소리에 귀를 기울이면서, 젊은이는 대자연의 교향곡 속에 홀로, 또 함께 서 있는 나무와 더불어 온전히 하루를 보냅니다.

추장은 눈가리개를 한 채로 젊은이를 다시 마을로 데려갔다가, 다음날 다시 젊은이가 지냈던 부근으로 데려와서 젊은이가 함께 시간을 보냈던 나무가 어떤 나무인지를 알아맞히게 합니다. 젊은이가 그 나무를 알아볼 수 있을 때까지, 추장은 젊은이를 나무 밑에 데려다놓는 일을 되풀이합니다. 젊은 인디언은 그렇게 자연과 친해집니다. 인간이라는 것이 대지의 일부분이고, 대지가 인간의 일부분이라는 것을 그렇게 터득해 가는 것입니다.

인디언 아이들은 자연 속에서 자라면서 피어나는 들꽃들에게서 누이의 눈동자를 보고, 사슴과 말이 뛰노는 몸짓 속에서 형제의 땀방울을 봅니다. 세상 모든 것이 하나로 묶여 있음을, 모두가 하나로 이어져 있음을 터득해 나가는 것이지요.

매순간 감사하는 마음이 들지 않는다면 그건 자신과 주위를 충분히 살피지 않은 탓이다. 마음을 열고 주의 깊게 세상을 바라보면 조물주가 계획한 대로 비밀스럽게 작동하는 장엄한 숨은 질서가 있음을 알 수 있다. 우리가 감각할 수 있는 제한된 세계를 넘어선 '실재 세계'에는 고귀한 질서인 사랑이 깃들어 있어 우주만물을 조화롭게 한다.

—존 디마티니, 『고마워, 한마디의 기적』

백일 감사 오늘 나의 하루는 이렇게 감사로 물들었습니다.

■

■

■

75

삶의 배경화면

행복은 크나큰 성취나 많은 것을 소유한 데서 오기보다는 작고 사소한 데서 오는 경우가 많습니다. 향기로운 차 한 잔으로도 행복과 감사의 마음이 넉넉하게 채워질 수 있는 것입니다.

옷감을 짜서 내다파는 일을 했던 카비르는, 신이 우리를 둘러싼 모든 곳에 계시다는 것을 깨닫고는, 다른 사람들과 사물들 속에서 신성한 빛을 보기 시작했습니다. 그는 이렇게 말했습니다.

"옷감을 짜는 일은 나의 기도이자 명상입니다. 걸어가는 일도, 음식을 먹는 일도 나에게는 기도이고 명상입니다."

옷감을 내다팔기 위해 시장으로 가면서, 그는 늘 춤을 추면서 갔습니다. 옷감을 팔 때에도 손님들 가운데에서 신성한 빛을 보고 그 빛을 존중했기에, 카비르를 만나는 이들은 모두가 다 자기 자신이 소중하게 대접받는 느낌을 가질 수 있었습니다.

신을 찾아 나선 구도자들을 보고, 그는 "물고기가 물속에서 목마르다고 하니 웃음이 나온다."고 읊었습니다. 신성한 손길에서 벗어날 수 있는 것은 세상에 아무것도 없다는 것을 깨달았던 것입니다.

향기로운 차 한 잔을 건네면서도 상대방을 소중하게 여기고 존중하는 마음을 낸다면, 그는 이 세상 속에서 성스러움의 기운을 되살려내고 있는 것이 아닐까요.

두 눈에 영감의 눈물을 솟구치게 하는 진정하고 심오한 감사는, 우리가 우리의 삶과 전 우주에 깃들어 있는 숨은 질서와 완벽한 조화에 진정으로 눈을 뜨고 그것을 인정할 때, 그리고 지지와 도전을 비롯한 여타의 상호적대적인 것들을 상호보완적이고 공존하는 것으로 받아들일 때 생겨나는 것이다. 이때야말로 진정한 감사가 저절로 내면에서 솟구치는 때이고, 감사효과를 낳는 강력한 사랑의 원천에 한 걸음 다가서는 때이다.

—데보라 노빌, 『감사의 힘』

오늘 나의 하루는 이렇게 감사로 물들었습니다.

■

■

■

76

사랑 없이 길을 간다는 것은

사랑이란 우리가 태어나게 된 원인이니, 우리의 본향입니다. 사랑은 우리들 존재의 본질이며, 살아 있는 모든 것들의 바탕입니다. 나팔꽃 한 송이에도 사랑은 스며들어 있고, 꿈틀거리는 벌레 한 마리도 사랑의 소산 아닌 것이 없습니다.

사랑 없이는 세상이 온통 사막과도 같아서 한 발자국 떼어놓기도 팍팍합니다. 사랑하고 또 사랑받는 느낌보다 더 좋은 것이 있을 수 있을까요? 그런데도 왜 사랑한다는 사람들의 말과 행위 속에 사랑의 따스함이 깃들지 않을 수 있는 것일까요? 왜 사랑의 행위 속에 짐승의 몸짓만이 남게 되는 경우가 있게 될까요? 주고받는 기쁨 없이 욕망으로만 행해지는 사랑의 동작들은 가해자와 피해자를 낳고, 서로를 헐뜯고 상처내는 결과로 이어지곤 합니다.

입으로는 사랑한다고 하면서도 지금 우리의 존재를 떠받치고 있다는 "거룩함"이 거기에 스며들어 있지 않다면, 사랑은 더 이상 사랑의 이름으로는 설 자리가 없습니다. 사랑은 내 속안의 헛헛함을 채우기 위해 타인을 향해 구걸하는 것이 아니어야 합니다. 사랑의 이름으로 저질러진 일방통행적 폭력에 아파하고 신음하는 분들이 적지 않습니다.

사랑을 빼앗으려고 하는 자들은 겉으로는 강해 보이지만 사실은 참으로 연약한 사람들입니다. 그들은 자신들의 폭력을 통하여 자신들이 얼마나 헛헛한 존재인지, 얼마나 가난하고 비루한 존재인지, 스스로 증명해 보이곤 합니다. 감동이 없는 사랑은 사랑이 아니지요. 그리고 그 감동은 자기 자신과 타인의 생명을 소중하게 여기는 존중심으로부터 싹이 트고 자랍니다.

비바람 몰아쳐도 안으로 안으로 들어가면 푸른 하늘 언뜻언뜻 비치는 "태풍의 눈"과도 같은 곳이 우리의 내면에도 분명 존재합니다. 어떤 비바람에도 상처받지 않을 수 있는 거룩한 그 성소에 대한 인식 없이 싹트는 사랑, 이렇게 오가는 사랑은 가짜 사랑이기 쉽습니다. 진실된 그 자리에 대한 자각이 없더라도 인간이란 본디 사랑 없이는 한 발자국도 떼어놓을 수가 없는 것 같습니다. 그것이 설령 가짜 사랑으로 나중에 판명난다고 할지라도.

무엇보다도 우리 자신의 변화, 인생의 변화 자체를 기쁘게 음미해야 해. 우리 존재의 가장 깊숙한 곳에 자리한 생명력을 느낄 때, 바로 그때 우리는 행복해지고 사랑으로 충만해질 수 있어. 이유 없는 사랑, 존재하는 모든 것과 우리가 만나는 모든 사람에게 아무 대가 없이 줄 수 있는 사랑 말이야.

—기 코르노, 『생의 마지막 순간, 마주하게 되는 것들』

그대의 삶과 그대의 밤에서 사랑이 깨어날 때, 그것은 그대 안에 새벽이 열리는 것과 같다. 그리하여 이름 없던 존재에서 그대는 갑자기 이름을 가진 사랑스런 존재로 바뀐다. 두려움이 있던 곳에 갑자기 용기가 생겨난다. 과거의 삶은 어색했지만, 지금은 품위있고 자신감 넘치는 흐름이 있다. 과거에는 닥치는 대로 살았지만, 이제 그대는 자기 자신과 조화를 이루며 살아간다. 그대의 삶에서 사랑이 깨어날 때, 그것은 하나의 부활, 곧 새로운 시작과 같다.

—존 오도나휴, 『영혼의 동반자』

오늘 나의 하루는 이렇게 감사로 물들었습니다.

■

■

■

77

자전거 도둑

낡은 자전거를 타다가 펑크가 나서 자전거포를 찾았다가 아예 새것으로 바꿔 탔습니다. 예전 것보다 바퀴가 더 커서 타고 달릴 때마다 몸에서 느껴지는 바람의 양이 많아졌고, 그만큼 승차감이 더 좋았습니다. 가까운 마트나 우체국, 도서관에 갈 일이 있을 때면 자전거로 휘익 다녀오곤 했습니다. 그렇게 정이 들기 시작한 자전거를 불과 몇 개월 만에 잃어버렸습니다. 아파트 계단 아래에 세워져 있는 자전거가 서너 대 정도였는데, 어느 날 갑자기 나의 새 자전거만 사라지고 없었지요. 서운하고 허망했습니다.

하지만 자전거를 도둑맞은 일이 처음은 아니었습니다. 벌써 네 번째였습니다. 잠시 서운하고 허망한 마음을 붙들고 어쩌지 못하다가, 다음날 아침 산책을 나갈 무렵에는 걷기를 즐기고 있는 나를 발견하였습니다. 그리고 어느새 자전거를 도둑맞은 허전함과 '도대체 왜 나에게만 그런 일이 일어날까?' 하는 원망도 하고 있지 않은 나를 확인하게 되었지요. 나는 그동안의 공부를 통해서 너무나 잘 알고 있었습니다. 누군가를 미워하고 원망하는 마음이 드는 순간, 그것은 곧 나 자신을 그만큼 덜 사랑하는 일을 하고 있다는 것을. 부정적인 감정에 사로잡힐 때마다, 내 몸안에서는 한 순간도 지체됨이 없이 온갖 나쁜 호르몬들이 분비되기 때문이지요. 미움과 원망의 화살은 외부의 누군가에게 쏘아짐과 동시에 나 자신에게도 예외없이 쏟아집니다. 자기가 쏜 화살을 자신이 먼저 맞고 상처를 입게 되는 것이지요.

미움의 감정뿐만이 아닙니다. 외부에 대한 우리의 모든 반응은 곧 우리 자신을 향한 반응이기도 합니다. 나라는 이 개체와 외부 세계는 따로 분리될 수가 없이 하나입니다. 내가 너이고, 네가 나입니다. 내가 세계이고, 세계가 나입니다. 세계와 별도인 내가 따로 있다고 아무리 주장해도, 내 몸은 개체로서 살아가는 나보다 먼저 알고 반응합니다.

자전거가 없어지자, 자연스레 보행의 즐거움과 기쁨에 더 많이 노출되었습니다. 다비드 르 브르통은 『걷기 예찬』의 첫머리에서 이렇게 적었습니다. "걷는다는 것은 자신을 세계로 열어놓는 일이다. 발로, 다리로, 몸으로 걸으면서 인간은 모든 감각기관의 모공을 활짝 열어주는 능동적 형식의 명상으로 빠져든다. 그 명상에서 돌아올 때면 가끔 사람이 달라져서 당장의 삶에 매달려 허둥지둥하기보다는 시간을 그윽하게 즐기는 경향을 보인다."

변방의 노인이 말 한 마리를 잃어버린 것이 자전거를 도둑맞은 것에 비견할 수 있을까요? 아마 그보다 더 소중한 무엇이었을 것입니다. 출퇴근용 승용차를 분실한 것과 같을지도 모릅니다. 하지만 설령 그렇게 큰 분실이고 상실이라 할지라도, 거기에 사로잡혀서는 문자 그대로 자신의 속만 더 상할 뿐입니다. 자동차 분실 신고 등 할 수 있는 것을 다 해놓은 다음에는 거기에 매달리지 말고, 승용차가 없어짐으로써 생기는 또 다른 여유나 이득 같은 것을 생각하고 그것을 즐기는 편이 더 나을 것입니다. 차가 자주 고장나서 신경이 쓰였을 뿐만 아니라, 유지비를 버거워하고 있었을지도 모를 일입니다. 그렇다면 누군가가 자동차를 강제로 없애준 것이 오히려 다행입니다. 자동차를 그대로 갖고 있었더라면, 가까운 어느 날엔가 갑작스러운 교통사고를 당하도록 운명이 굴러갔을지, 누가 알겠습니까. 지하철에 부대껴 가며 출퇴근을 하게 되어 교통지옥을 직접 경험해 봄으로써, 삶을 바라보는 시야가 대폭 확장되는 기회가 될 수도 있었지 않을까요.

집을 나간 말이 세 마리의 다른 말들을 데리고 들어온 바람에, 늦게 얻은 자식이 그 말을 길들이겠다고 타다가 낙마하여 다리를 못 쓰게 된 일은 어떻게 바라보아야 할까요? 불행한 일이지만, 새로 들어온 말들만을 탓할 수는 없는 일입니다. 그것은, 벽에 부딪혀 우는 아이에게 할머니나 엄마가 벽을 탁탁 치면서, "떽기놈, 우리 이쁜 아기를 네가 왜 그랬어?"라고 벽을 나무라는 시늉을 하는 것과도 같습니다. 아이는 울음을 얼른 그칠지 몰라도, 한동안은 자신이 잘못한 것이 아니라 벽이 자신에게 잘못을 저지른 것으로 오해하면서 자랄 것입니다. 새로 들어온 말에게는 아무 잘못이 없습니다. 말을 길들이려는 아들이 너무 성급하게 마음을 먹어서 말의 마음을 읽지 못했을 뿐입니다. 평소의 성깔이 어디 가겠습니까? 매사에 차분하지 못하고 이것저것 욕심만 앞서서 허둥지둥하는 버릇을 어쩌지 못하는 아이였을지도 모릅니다. 그런 아이가 갑작스레 다리를 다치니, 삶의 속도가 늦추어질 수밖에 없습니다. 사고가 아니었다면 갖지 못했을, 자신을 돌아볼 시간을 갖게 되었을 것입니다. 자기 자신을 만날 기회와 시간을 갖게 된 것이지요. 위기와 역경은 또 다른 기회의 문일 수 있습니다.

다리를 다쳐서 전쟁터에 나가지 않게 된 것도 반드시 행운이라고만 볼 수는 없습니다. 전쟁이 끝나고 나면, 참여하지 않은 자들은 그만큼 소외를 당할지도 모릅니다. 치열한 전쟁터에서 삶과 죽음의 현장을 목격함으로써 몇 생을 거쳐도 하지 못할 엄청난 경험을 하게 되는 기회를 놓친 것일 수도 있습니다.

사람은 돈과 명예와 사랑의 줄타기를 통해 성장하게 프로그램되어 있는 것 같습니다. 재산의 예를 들어봅시다. 재산을 가진 사람은 자존심도 그만큼 올라가기 십상입니다. 교만한 마음에 어느 날 엉뚱한 곳에 투자했다가 다 잃고 맙니다. (교만한 마음은 전체를 바라보는 시야를 갖지 못하고 자기 이익만 탐하게 만들기에.) 재산이 없어지면, 세상으로부터 푸대접을 받고 냉대를 당하지요. 자존심도 바닥에 떨어집니다. 절치부심, 다시 일어섰을 때는, 재산에 대한 가치관이 그만큼 달라져 있는 자신을 발견하게 될 것입니다. 따고 잃고 따고 잃음에 따라 웃고 울고 하면서, 우리는 인생을 배웁니다. 운명은 때로 우리를 패대기치기도 하고 한껏 들어올리기도 하지만, 웃고 울다가 보면 한 생애가 저물어 버립니다. 죽었다가 다시 태어나기를 반복하면서 운명의 손아귀에 사로잡혀 웃고 우는 일 또한 계속한다고 하지요. 그러면서 운명이라는 것의 전체 흐름과 운명의 설계자를 슬그머니 넘겨다보고, 그 의도를 차츰 깨달아 가게 됩니다. 재산이라든가 명예라든가 학벌 같은 것과 자기 자신을 동일시함으로써 웃고 우는 운명을 반복하여 살다 보면, 그게 아니라는 감각이 슬그머니 살아날 것입니다. 웃고 우는 감정의 기복이 그만큼 덜해지겠지요. 운명이라는 덫에 그만큼 덜 사로잡히고, 그만큼 더 자유로워질 것입니다.

운명이라는 것의 덫에 사로잡혔다가 거기에서 벗어나 자유를 획득하게 된 사람들은 결국 알게 됩니다. 운명은 결코 '덫'이 아니라는 것을. 운명의 파도는 우리를 들어올리고 떨어뜨림을 반복함으로써 우리를 성장시키는 배움의 도구였다는 것을. 파도에 들어올려졌다가 팽개쳐지곤 했던 사람은 어느 날엔가 결국은 헤엄치는 법을 배우게 될 것입니다. 파도 타는 법을 배워서 서핑의 즐거움까지도 터득하게 될지 모릅니다.

살아온 나날들의 전체 흐름을 가만히 들여다보면, 정교한 '프로그램'이 이미 짜여져 있어서 그렇게 작동해 온 것이 아닌가 싶을 때가 많습니다. 곡식들과 풀들과 나무들마다 싹을 틔우고 꽃을 피우고 열매를 맺게 되어 있는 DNA의 설계가 정교한 것 이상으로, 인간의 운명은 생애를 건너뛰면서 성장해 가도록 절묘하게 짜여져 있을 것이라는 생각을 저절로 하게 됩니다. 아, 누가 이 운명의 피륙을 짜는 것일까요?

변방의 노인은 온갖 여러 일들에 '무덤덤해지는 법'을 터득하게 된 것일까요? 아니 어쩌면, 노인은 운명의 신비 앞에 저항하는 모든 마음을 내려놓고 가만히 지켜보면서, 이번에는 도대체 어떤 배움의 기쁨을 맛보게 될 것인지, 보이지 않는 '운명의 설계자'를 넘겨다보고 있었을지도 모릅니다. 한 송이 꽃을 보고 미소를 보냈던 마하가섭처럼, 노인은 거대한 신비 앞에 가만히 미소를 보내면서, 삶에서 삶으로 이어지는 3차원의 윤회의 마지막 끝자락을 통과해 냈는지도 모릅니다.

누구나 고난을 피하고 싶어 하지만 누구도 피할 수 없는 것이 역경이고 고난입니다. 내내 평탄한 인생은 없습니다. 그리고 고난으로 인해 삶은 꽃을 피웁니다. 고난을 겪은 사람들의 삶에는 깊이가 생겨납니다. 고난을 겪어낸 사람들의 눈에는, 표정에는, 몸짓과 말씨에는 깊이가 묻어납니다.

고난은 사람을 단련시키고 정화시킵니다. 고난은 우리에게 예리한 통찰력을 안겨줍니다. 어차피 넘어야 할 산이라면 기꺼운 마음으로 넘는 것이 좋겠지요. 고난의 산 구석구석을 음미하는 편이 오히려 나을 것입니다. 그 산을 넘고 나면, 그 산을 넘도록 예비해 주신 섭리에 절로 감사하게 될 테니까요.

> 잘못된 것은 아무것도 없다. 우연히 이루어지는 일도 없다.
> 모든 일은 우리에게 배움의 기회로서 주어진 축복이다.
> —엘리자베스 퀴블러 로스

오늘 나의 하루는 이렇게 감사로 물들었습니다.

■

■

■

78

"지금 여기"에 머물기, 충만하게 머물기

마음은 늘 "지금 여기"에 있지 않고 어딘가를 찾아 헤맵니다. "지금 여기"는 안전하지도 완전하지도 않다고 생각하기 때문이지요. 마음이 헤아려 생각하기에 "지금 여기"는 뭔가 잘못되어 있고, 불완전합니다. 그래서 "지금 여기"는 머물 만한 데가 못 된다고 생각합니다. 뭔가 더 나은 미래를 찾아내야 합니다. 그것이 바로 마음이 주로 하는 일입니다.

과거나 미래는 존재하지 않습니다. 그것들은 우리의 머릿속에만 존재합니다. 마음이 존재하지 않는 미래를 좇아 헤맬 때에는, 무엇보다도 이를 즉시 알아차리는 것이 중요합니다. 현재를 벗어나려 하고 있음을 알아차리는 순간, 우리는 불안전하고 불완전한 "지금 여기"로 돌아올 수 있습니다. 미래를 찾아 헤매고 있는 자기 자신으로부터 도망치려고 애쓸 필요도 없습니다. 도망치려고 애쓰는 자기 자신을 껴안아 주어야 합니다. 완전한 미래를 찾아 헤매고 있는 "지금 여기"를 껴안아 주는 것입니다. 뭔가 부족한 "지금 여기"를 껴안아 주는 것입니다.

불완전하면 불완전한 대로 사랑할 수 있지 않은가요? 그럴 때, "지금 여기"는 빛나기 시작합니다. 불완전한 것, 아직 많이 부족한 것, 바로 그 이유 때문에 "지금 여기"는 더 많은 사랑을 받아야 합니다. 그때, "지금 여기"는 즉시 충만해집니다.

불완전함의 반대편에 있는 완전함은 하나의 극단일 뿐입니다. 불완전함마저도 포함할 수 있어야 진정한 완전함입니다. 인생은 불완전하기에 완전합니다. 이 역설을 껴안아 주십시오. 불완전한 인생에 감사하는 마음을 품으십시오.

> 한 경건한 사람이 바알 셈 토브에게 말했다. "저는 참으로 오랫동안 열심히도 신을 섬겨왔습니다. 하지만 진전이 없었습니다. 저는 여전히 평범하고 무지한 사람입니다."
> 그러자 바알 셈 토브가 대답했다. "자신이 평범하고 무지한 사람이라 깨닫지 않았소. 그것만으로 충분한 성공이오."
>
> —어니스트 커츠, 캐서린 케첨, 『불완전함의 영성』

오늘 나의 하루는 이렇게 감사로 물들었습니다.

■

■

■

79

잠자는 왕자/공주에게

처음으로 사랑에 빠진 어떤 여인은 이렇게 고백했다고 합니다. "당신을 알고부터 세상이 온통 달라져 버렸어요. 풀도, 꽃도, 새도, 바람도, 어제와 달라요. 지나가는 사람의 표정 하나하나도 어제의 그것이 아니에요."

사랑에 빠진 사람은, 그가 지나온 고독의 골밀도가 높을수록, 자신의 내면뿐만 아니라 자신이 바라보는 세상 전체가 송두리째 바뀌는 것을 경험합니다. 사랑하는 마음속에는 세상을 찬란한 노을빛으로 물들여주는 마법의 물감 같은 것이라도 들어 있는 것일까요?

사랑의 지대에 처음으로 발을 들여놓은 사람은 자신에게 닥친 삶의 대전환과 환희가 사랑하는 사람의 출현 때문이라고 생각하기 쉽습니다. 하지만 그 사람 안에 본래 사랑이 자리하고 있지 않았다면 어떻게 사랑하는 마음이 나올 수 있었겠습니까? 태양 자신에게 빛과 열기가 본래 없다면 어떻게 만물에게 빛과 열기를 나누어줄 수 있겠습니까? 사랑하는 사람을 만남으로써 우리 안에 본래 자리하고 있었던 사랑의 기운이 눈을 뜬 것이지요. 백 년 동안 잠자고 있던 공주가 왕자의 손길 한 번에 눈을 뜨듯이, 우리는 우리의 사랑을 촉구하는 사람을 만남으로써 우리 안에 잠자고 있었던 사랑을 깨울 수 있게 됩니다.

우리 안의 사랑이 눈을 뜨면 세상이 달라집니다. 풀도, 꽃도, 나무도, 새도, 지나가는 사람도 모두 달라 보입니다. 키를리안 사진처럼 뽀샤시 효과가 나타나서 사물의 윤곽선이 모두 광채를 띱니다. 사랑은 그렇게 기적과도 같은 대전환을 우리네 삶에 선물합니다.

사랑으로 인해 세상이 달라 보이는 것을 두고, 사람들은 '눈에 콩깍지가 씌었다'고들 합니다. 하지만 사랑으로 콩깍지가 씌인 상태가 '거짓된 환상'이기만 한 것일까요? 그래서 사랑의 환상에서 깨어나면 만물의 뽀샤시 효과도 사라지고 말아서, 건조하고 메마른 세상이 되어버리는 것일까요? 오히려 건조하고 메마른 세상으로 보이는 것이 거짓된 환상이고, 그래서 우리 안의 사랑이 깨어날 때, 우리는 비로소 세상이 갖고 있는 고유의 빛깔을 볼 수 있게 되는 것은 아닐까요?

우리 안의 사랑이 눈을 뜰 때, 우리는 비로소 만물 안에 깃든 다양한 사랑의 표현들을 눈으로, 귀로, 가슴으로 만날 수 있게 됩니다. 우리 안의 사랑이 깨어날 때, 우리는 비로소 온갖 나무들과 꽃들에게서, 해와 달과 푸른 하늘과 흰 구름에게서, 만나는 모든 것들에게서, 비밀스럽고 놀라운 사랑의 자취를 볼 수 있게 됩니다. 그 모든 것들이 사랑의 소산임을, 사랑이 사랑을 만나 만물이 그렇게 존재의 춤을 추고 있다는 것을 알아차리게 됩니다.

사랑을 찾아 헤매는 우리 자신이 바로 사랑입니다. 우리가 그토록 사랑을 찾아 헤매는 까닭은 우리 안에 잠자고 있는 사랑을 깨우기 위함입니다.

백 년 동안 잠자고 있다가 왕자의 손길 한 번에 깨어난 공주가 왕자와 함께 말을 타고 세상 속으로 달려 나가게 되면 그들은 무엇을 하게 될까요? 사랑이 깨어난 공주가 할 일은 무엇일까요? 그녀 역시 누군가의 가슴에서 잠든 사랑을 흔들어 깨우는 일을 하지 않을까요?

사랑으로 가득 찬 이 세상에서 사랑을 보지 못한 채 눈가리개를 하고 좀비처럼 사랑을 찾아 헤매는 자들에게서 그녀는 바로 자기 자신을 발견할 것입니다. 그래서 누구보다 진심어린 말들로 그들을 흔들어 깨울 수 있을 것입니다. 부싯돌로 불을 일으키듯, 자신의 사랑을 나누어줌으로써 잠자고 있는 사랑을 깨워서 점화시킬 수 있을 것입니다. 그렇게 그녀는 세상을 밝힐 것입니다.

잠에서 깨어나면 누구나 알게 됩니다. 자기 자신이 "거지인 척하면서 살아온 왕자"였다는 것을. "곤히 자는 척하면서 누군가 나타나 자신을 깨워주기를 내내 기다려 온 공주"였다는 것을.

사랑을 하면, 초라한 오두막집도 황금빛 궁전으로 변하게 된다.
—칼 힐티

백일 감사 오늘 나의 하루는 이렇게 감사로 물들었습니다.

■

■

■

80

나를 꽃피운다는 것

꽃을 보면 왜 마음이 환해질까요? 꽃은 스스로 움직이지 못하는 식물들이 자신을 번식시키기 위해 동원하는 최선의 전략입니다. 아름다운 색깔과 향기로 벌 나비를 불러 모아 자신들의 꽃가루를 다른 개체의 꽃에 전달하기 위한 유혹의 수단입니다.

사람들은 꽃을 꺾어 다른 사람들에게 기쁨과 축하의 마음을 전달하지만, 꽃은 자신에게 양분을 전달하는 몸체와의 단절로 시한부 삶이 되어버립니다. 꽃들은 스스로 죽어가면서도 자신의 빛깔과 향기에 감탄하는 사람들의 마음에 덩달아 기뻐할 수가 있을까요?

꽃을 주거나 바치는 것이 아름다운 것은 거기에 마음이 담겨 있기 때문이겠지요. 중요한 것은, 진심을 바치는 것이겠지요.

신 앞에 꽃을 바칠 때에도 중요한 것은, 그 사람의 마음일 겁니다. 하지만 신께서는 꽃이나 그 사람의 마음보다도 그 사람의 '활짝 피어난 의식의 꽃'이 바쳐질 때, 가장 기뻐하시지 않을까요? 의식하든 의식하지 못하든, 우리 모두 이미 내장하고 있는 신성의 꽃이 피어날 때, 신은 가장 기뻐하시지 않을까요?

기쁨은

사랑이 머무는 자리에 모습을 드러낸다.

기쁨은 마음의 평화에서 오고,

주고받음에서 오고,

자신과 타인의 존재를 떠받드는 마음에서 온다.

기쁨은 감사와 연민의 상태이며

기쁨 속에서 당신은 당신의 영혼과 연결된다.

—미지의 사람

백일 감사 오늘 나의 하루는 이렇게 감사로 물들었습니다.

■

■

■

81

확장인가, 수축인가

지금 이 순간에도 어디에선가는
싹이 트고 자라고 꽃이 피어납니다.

지금 이 순간에도 어디에선가는
태양이 두 개나 되는 항성계가 태어나고 있습니다.
(참조: https://www.youtube.com/watch?v=RNc2XuUbuqI)

신은 지금 이 순간에도
쉬지 않고 자신을 확장하고 있습니다.

당신의 가슴은 지금 활짝 웃고 있는가요? 누군가를, 무엇인가를, 구김살없이 사랑하고 있는가요? 기뻐하고, 격려하고, 함께 나누고, 빙그레 웃음 지으면서 확장하고 있다면 당신은 지금 신을 닮은 일을 하고 있는 것입니다.

걱정하고, 두려워하고, 위축되어 있다면 당신은 지금 신이 하고자 하시는 일을 방해하고 있는 것입니다.

우리가 취할 수 있는 모든 마음가짐 중에서
감사하는 마음이 가장 중요한 것이요,
가장 심대하게 인생을 변화시킬 수 있는 것이다.

—지그 지글러

오늘 나의 하루는 이렇게 감사로 물들었습니다.

■

■

■

82

사랑인가, 두려움인가

두려움 속에서 우리는 움츠러들고
사랑 속에서 우리는 성장하고 확장합니다.

두려움은 우리에게 말합니다,
"사랑할 만한 이유와 근거를 대봐."
사랑은 우리에게 말합니다,
"사랑은 사랑 혼자 있어도 늘 충분하다고 말하지."

두려움 속에서 우리는 저마다 외롭게 남겨지고
사랑 속에서 우리는 우리 자신을 잃어도
전혀 상관하지 않습니다.

두려움을 일으키는 주요 원인 가운데 하나는 있는 그대로의 자신과 대면하고 싶지 않다는 것이다. 따라서 두려움 자체만이 아니라 그것을 없애기 위해 우리가 개발한 도피망도 점검해봐야 한다. 두려움을 극복하고 억누르고 규제하고 통제하고 그것을 뭔가 다른 말로 바꾸려 하면

마찰이 생기고 갈등이 생기는데, 그런 갈등은 에너지 낭비다. …그대는 구름 한 조각이나 나무 한 그루, 또는 어느 강물의 흐름을 아주 고요한 마음으로 관찰할 수 있다. 자신에게 별로 중요하지 않은 것들이기 때문이다. 그러나 자신을 지켜보는 일은 그보다 훨씬 어렵다. 자신의 욕구들이 너무나도 실제적이고 반응들이 너무나도 빠르기 때문이다. 두려움이나 절망, 외로움이나 질투 같은 추한 마음 상태와 직접 접촉할 때가 있다. 그때 그대는 마음이 고요하게 그런 것을 볼 수 있을 만큼 그렇게 철저하게 두려움을 살펴볼 수 있는가?

—크리슈나무르티, 『두려움에 대하여』

백일 감사 **오늘 나의 하루는 이렇게 감사로 물들었습니다.**

■

■

■

83

가볍게 산책하듯이 살기

“짐 진 자들은 다 내게로 오라. 내가 편히 쉬게 하리라.”라는 예수님의 말씀에, “나는 괜찮소. 나에게는 아무런 짐도 없소.”라고 당당하게 말할 수 있는 사람은 아마 거의 없을 것입니다.

누구나 마음의 짐을 짊어지고 살아갑니다. 이것저것 해야 할 의무사항들과, 원하는 결과를 끌어내기 위한 안간힘으로, 우리는 늘 힘겨워합니다. 눈에 보이지 않는 마음의 짐들은 우리 인생에 큰 그늘을 드리우곤 합니다. 황지우 시인은 「손을 씻는다」라는 시에서 이렇게 노래합니다.

하루를 저질렀다는 생각이 든다
내심으로는 내키지 않는 그자와도
흔쾌하게 악수를 했다
이 손으로
만져서는 안 될 것들을
스스럼없이 만졌다
…비누로 손을 씻는다

마지못해 악수를 하고, 마지못해 좋은 척 제스처를 취하는 것이 드러내놓고 싸움을 일삼는 것보다 더 나은 것일까요. 그렇게 가면의 삶을 살다가 안으로 안으로 곪아서 결국엔 터지고 마는 것이 아닐까요?

눈에 보이지 않는 마음의 짐들은, 실제로는 존재하지 않는 무게감입니다. 그 무게 때문에 우리네 삶은 늘 비틀거립니다.

감사하는 마음은, 기쁨이나 행복 같은 감정과 마찬가지로, 무게가 가볍습니다. 무게가 가벼운 정도가 아니지요. 우리의 삶에 날개를 달아주어 다른 짐까지도 함께 짊어지고 떠오르게 합니다. 감사하는 마음은.

> 내 발밑에 다시 한번 흙의 부드럽고 물렁물렁한 감촉을 느끼면서, 풀밭 길을 달려 내려가 시냇가로 가서 잔물결이 이는 시냇물 속에 손가락을 담글 수 있다면! 돌담을 기어 올라가 푸른 잔디밭으로 들어가서 왁자지껄한 소란 속에 마음껏 뛰고 뒹굴 수 있다면!
>
> —헬렌 켈러

오늘 나의 하루는 이렇게 감사로 물들었습니다.

■

■

■

84

사랑을 정화하는 사람들

사랑은 우리의 일용할 양식입니다. 사랑이 없는 사람은 죽음으로 가는 행렬에 지나지 않아서 한 발자국도 옮겨놓기가 힘듭니다. 그렇게 소중한 양식인데도 우리의 현실적인 사랑 풍경은 너무나 변덕이 심하지요. 항구성이 보장되지 못하는 사랑의 날씨에 따라 웃고 울고 찡그리고 화내고 타협하면서 살아갑니다.

이 사랑 저 사랑 찾아 헤매면서 영원성을 찾고 구하지만, 우리의 속안 깊은 곳에 자리한 허기증은 날이 갈수록 더욱 더 심해질 뿐입니다.

왜 그럴까요? 우리의 사랑에는 늘 조건이 따라붙기 때문일 것입니다. 사랑하는 사이라면 의당 이러저러해야 한다는 특정한 방식에 집착하고, 그런 기대와 집착이 어그러지면 실망하고 사랑에서 멀어집니다. 그것이 함정이지요. 누구나 다 사랑을 필요로 하고, 더 많이 얻을수록 더 좋다고 생각하고, 얻지 못하면 상실감과 박탈감에 시달립니다. 사랑을 마치 쟁취할 수 있는 어떤 것처럼 생각하곤 합니다.

더 심한 허기증을 유발할 뿐인 이 작은 사랑들의 사소한 기쁨과 슬픔을 단번에 잠재울 만한 큰 사랑은 과연 어디에서도 찾을 수가 없는 것일까요? 이 세상을 살아가면서 우리는 과연 우리 자신을 아무런 조건 없이, 있는 그대로 다 받아들이고 사랑해 주는 누군가를 한 사람이라도 만날 수 있을까요? 나에게 그 무엇도 바라거나 기대하지 않고, 내가 어떻게 변하더라도 그의 사랑은 변하지 않을 것이라는 믿음을 갖게 하는 그런 사랑을, 우리는 과연 일생에 단 한 번만이라도 만날 수 있을까요? 흠집 많은 나 자신을 아무런 조건 없이 안아 주고 사랑해 주는 그런 존재가 있다면, 내 인생은 어떻게 달라지게 될까요요? 그런 사랑을 정말로, 진짜로 만나서, 그 사랑이 삶의 중심부에 자리잡게 된다면, 내 삶은 어떻게 달라지게 될까요?

최고급 스포츠카에 경비행기까지 있을 정도로 부자인 부모님 슬하에서 공부까지 잘해서 20대 후반에 하버드 대학교 교수로 임용되었던 리처드 앨퍼트는, 첨단의 심리학을 통해서도 존재의 허기증을 달래줄 길을 찾지 못했는지, 마약에 손을 댑니다. 사랑의 궁극은 자기 자신을 마침내 상실해 버리고, 사랑만이 남는 것입니다. 나는 사라지고 사랑만이 존재 전체를 차지해 버리는 것입니다. LSD는 일시적이나마 그렇게 궁극의 사랑 비슷한 상태를 체험하게 해주었던 모양입니다.

LSD를 이용하여 의식확장 실험으로 사회적 파문을 일으키자 대학 당국은 리처드 앨버트를 파면시킵니다. 갑자기 실직 상태가 된 리처드 앨버트는 미국 전역을 이리저리 헤매다가 뜨내기 친구와 함께 인도로 가게 되고, 거기에서 인생을 바꾼 스승님을 만나게 되지요. 스승은 그에게 '람 다스'('신의 종')라는 새 이름을 주고, 그렇게 새 사람이 되어 미국으로 돌아온 그는, 예전과는 전혀 다른 일을 하기 시작합니다.

어떻게 그렇게 되었을까요? 스승의 무조건적인 사랑에 감염되었기 때문입니다. 몇만 볼트보다 더 강력한 스승의 큰 사랑 앞에서 그의 알량한 지성은 순식간에 깨끗이 지워졌고, 존재 전체가 속절없이 무너져 내렸습니다. 엄청난 파도처럼 사랑이 그를 덮쳤지만, 그 사랑은 거친 풍랑을 일게 하기는커녕 '잔잔한 바다' 같은 그런 사랑이었습니다. 아무리 오래 안겨 있어도 편안하고 좋은 사랑. 그저 사랑 자체만으로 모든 것이 다 충족되는 사랑. 자기 자신은 흔적도 없이 사라지고 사랑만이 홀로 흘러넘치는 황홀경은, LSD보다 수만 배나 더 강력한 흡입력을 지니고 있었습니다. 스승의 큰 사랑에 흠뻑 적셔져서 전혀 다른 존재가 되어 돌아온 그는, 미국의 방방곡곡 가슴 가슴마다에 사랑의 불을 지르고 돌아다닙니다.

람 다스가 만난 스승은 도대체 어떤 존재였을까요? 그의 스승이 그에게 어떤 짓을 저질렀길래, 그는 큰 사랑 속에서 자기 자신을 송두리째 잃어버렸을까요? 그와 스승 사이에는 도대체 어떤 일이 있었던 것일까요? 둘 사이에는 어떤 신호, 어떤 교류가 오갔던 것일까요? 사랑 안에서 과거와 미래를 다 잃어버리고도 조금도 섭섭한 마음이 없이, 사랑을 숨쉬면서 사랑의 빛과 향기를 전하는 일에 자기 자신을 다 바치게 된 그의 사연은, 오늘을 살아가는 우리에게 "영원히 목마르지 않을 사랑법"을 강력하게 암시하면서, 이리로 들어오라고, 이 문을 열고 지금 즉시 들어오라고 유혹합니다.

조건 없는 사랑, 그런 사랑에 몸-마음을 담그기만 하면, 사랑은 저 스스로 갈 길을 가면서 자기를 비춥니다. 사랑은 자기 스스로 빛을 뿜으면서, 그 빛으로 다른 존재들을 물들입니다. 사랑은 무수히 많은 아기들을 낳고, 번식을 멈출 줄 모릅니다. 자기 존재가 있는 그대로 사랑받고 있다는 느낌에 접속된다는 것은, 사랑의 프리 에너지에 몸-마음을 싣는 일입니다. 그 사랑 안에 있기만 하면, 우리는 모든 일을 '함이 없이 하게 되어'

전혀 힘이 들지 않는 삶을 구가하게 됩니다. 넘쳐나는 자유이고 충만한 사랑입니다. 우리는 애초에 이런 무한대의 프리 에너지를 가지고 태어났으나 사회화에 의해 그 에너지를 흐르지 못하도록 가두어 버렸습니다. 그렇게 내내 스스로 만든 창살 없는 감옥에 갇혀 살아왔습니다.

오늘도 어제와 별반 다를 것 없이 '길들여진 삶'을 이어간다면, 죽을 때에도 우리는 여전히 어딘가 마음 한구석 채워지지 않은 허기와 갈증을 끌어안은 채 죽음 저편으로 여행을 떠날 것입니다. 어찌어찌 다시 태어나더라도 전생의 전생부터 안고 지내온 우리 안의 '정체를 알 수 없는 허기와 갈증'은 여전할 것입니다. 우리 안에 이미 내장된 사랑의 빛을 지금 여기에서 밝히지 않는다면!

람 다스가 쓴 여러 권의 책들(『닦으면, 스스로 빛난다』, 『람 다스의 바가바드 기타 이야기』, 『웰 다잉』 등) 속에는 어김없이 그의 스승과의 일화가 들어 있습니다. 그가 가리켜 보이는 것은 오직 한 가지, "큰 사랑의 품에 안겨 살아가는 법"입니다. 그 사랑에 전염된 사람은 그 길을 가리켜 보일 수밖에, 다른 길이 없습니다. 그는 그 길이 결코 멀지 않다고 속삭입니다. 우리 스스로 더럽혀 온 몇천 몇만 년의 더러운 먼지라도, 지금 여기에서 닦기만 하면 그 즉시 존재 전체가 온통 사랑의 빛으로 밝아지게 된다고 속삭입니다.

신의 사랑에는 아무런 조건이 없습니다. 우리는 우리의 어떤 행위 때문에 사랑을 받는 것이 아니라, 존재 자체로 사랑을 받습니다. 깨달은 스승 또한 신과 마찬가지로 아무런 조건을 붙이지 않는 사랑을 보여줍니다. 내가 어떤 말을 하고 어떤 행위를 하든 무조건적인 사랑을 퍼부어줍니다. 그 사랑에 닿아서, 그래서 한번이라도 '내 안의 불씨'가 당겨진다면, 인생이 바뀌게 됩니다. 어떻게 바뀌지 않을 수 있겠습니까? 그리하여 사랑은 사랑을 낳습니다.

예수는 세상에 불을 지르러 왔다고 말씀하시면서, "이미 그 불이 붙었더라면 얼마나 좋았겠느냐?"라고도 합니다. 깨달은 존재들은 우리 안에 이미 존재하는 '사랑의 불씨'에 불을 붙이는 존재들이 아닐까요?

> 하늘에서든 지상에서든 모든 피조물은 침묵 속에 머물러야 하고, 신의 위대함을 숭배하고 찬양하기 위해 입을 다물어야 한다. …심심풀이 삼아 하는 쓸모없는 말을 걷어낸 침묵 속에서만 (신께서는) 영감과 은총으로 그대들을 찾아, 그대들의 내면에서 당신의 존재를 느끼게 하시리라. ㅡ보쉬에

매일 감사 오늘 나의 하루는 이렇게 감사로 물들었습니다.

■

■

■

85

세상에 하찮은 것은 없다

대공황이라는 최악의 경제위기를 맞은 국민들을 향해 루즈벨트 대통령은 취임식 연설을 통해 이렇게 외쳤습니다. “우리가 가장 두려워해야 할 것은 바로 두려움 자체입니다!”

그는 아무리 신통한 경제 프로그램이 있어도 국민들의 ‘자신감’이 먼저 회복되지 않으면 모든 것이 헛수고가 될 것임을 잘 알고 있었습니다. 철저한 자유시장 경제인 미국에서 뉴딜 정책이 먹혀들 수 있었던 것도, 루즈벨트의 리더십에 국민들이 자신감과 용기를 되찾았기 때문이었습니다.

루즈벨트 대통령은 시력이 좋지 않아서 양복 안주머니에 두툼한 안경과 돋보기를 함께 지니고 다녀야 했습니다. 그는 안경을 두 개씩이나 챙겨야 한다는 것을 늘 거추장스러워했습니다. 재선에 이어 삼선에 도전한 루즈벨트 대통령이 한창 유세를 펼치고 있던 어느 날이었습니다. 저녁식사를 마친 후 대중연설을 하기 위해 호텔 문을 나서는 순간 어디선가 ‘탕’ 하는 총소리가 울렸고, 그 순간 대통령은 중심을 잃고 휘청거렸습니다. 양복 상의가 검붉은 색으로 물들기 시작했습니다. 어느 정신질환자로부터 저격을 당한 것입니다.

암살범은 정확하게 대통령의 앞가슴을 겨누었고 명중했지만, 총알은 양복 상의 안주머니에 든 안경의 철테에 맞고 스쳐 지나갔습니다. 평소 귀찮아했던 안경이 루즈벨트 대통령을 살린 것이지요.

안경이 안주머니에 없었더라면 어찌 되었을까요? 미국 역사는 물론 세계 역사가 바뀌었을 것입니다. 아주 하찮은 것도 자신의 존재를 이렇듯 멋지게 증명할 수 있으니, 그 무엇인들 홀대할 수 있을까요?

예수께서는 "지극히 작은 자에게 한 것이 곧 나에게 한 것"이라고 하셨습니다. 여리고 약한 사람에 대한 연민과 사랑을 강조하기 위해서 그런 말씀을 하신 것일까요? 아닙니다. 그분은 진실로 세상의 미물과도 이미 하나가 되셨습니다. 하늘 아버지와 아들이 하나이듯이 저들도 우리와 하나 되게 해 달라고 하신 그분의 기도가 때로는 가슴을 칩니다. 나와 너의 상대적인 구분이 그분의 가슴 속에서는 설 자리가 없었습니다.

세상에 '하찮은' 것은 없습니다. 아니, '하찮은 것'이라니요? 다음의 인용문을 읽어 보시면, 지금 이 순간 내 존재의 경이로움을 훨씬 더 많이 실감하시게 될 것입니다.

> 그렇다. 당신은, 우주에 수십억 개나 있는 막대나선은하 중 하나의 작은 팔에서 발견되는 그다지 특별할 것 없는 별의 궤도를 도는 세 번째 행성에서 영겁에서 영겁으로, 종에서 종으로 이어지며 수십억 년 동안 매우 긴 일련의 생물학적 생식과 유전적 전달이 무작위적으로 성공한 결과다.
>
> 오늘날 당신을 존재하게 하려면 얼마나 많은 우연의 일치가 있어야

하는지 상상해 본다면, 당신이 존재할 확률이 얼마나 미미한지 알게 될 것이다. 너무도 작아서 심지어 당신은 우주가 당신의 존재를 허용하기 위해 특별히 만들어졌다고 여길 수도 있다. 너무나도 많은 것이 우연의 일치다. 당신이 숨을 들이마시고 내쉬며, 이 책을 읽고 있는 지금 이 순간도 우연의 일치에 우연의 일치가 무수히 포개어진 결과다.

—필리포 보나벤투라, 로렌초 콜롬보 , 마테오 밀루치오, 『최상의 우주 설계』

매일 감사 오늘 나의 하루는 이렇게 감사로 물들었습니다.

■

■

■

86

모든 관계는 신성하다

관계에서 오는 모든 상처는 상대에게 기대를 하기 때문에 생깁니다. 상대가 이랬으면 좋겠다는 기대, 저러지 말았으면 좋겠다는 기대…. 그러기에 최소한의 기대조차 어그러지고 말았다는 실망감은 좌절이나 상처로 이어지곤 합니다. 기대하지 않으면 물론 상처받을 일도 없습니다.

그러나 사람은 섬이 아니지요. 제각기 따로 살 수가 없습니다. 어떻게든 관계로부터 생기는 기쁨과 보람과 웃음, 짜증과 분노와 상처, 사랑과 미움을 주고받으면서 살아가게 되어 있습니다. 관계야말로 영적 성장을 위한 배경이자 무대인 것이지요.

거리가 있을 수밖에 없다는 것을 안타까워할 만큼 친밀함을 갈구하는 관계, 아무리 가까이 있어도 서로가 그리운 관계, 친밀함을 넘어 하나라고 할 수밖에 없는 관계라 할지라도, 모든 관계에는 반드시 이별의 때가 오게 마련입니다.

함께 있는 시간이 기쁨이요 열락인 만큼 이별의 시간은 길고 괴롭고 더디 갑니다. 사람과 사람 사이의 관계에서 일어나는 스파크는 때로 아름답지만 그 불꽃은 결국 서로에게 화상을 입힐 수도 있습니다.

갈등하고 괴로워하고 상처를 주고받음으로써 결국 배움의 과실을 얻게 되지만, "무르익은 관계"는 상처로 피 흘리지 않으면서도 "사원을 받치는 기둥들"처럼 서로 거리를 유지하면서 그 거리의 신성한 관계를 즐길 줄 아는 사람들 사이에서 꽃피어납니다.

세상에 나쁜 관계는 없습니다. 아직 덜 익은 관계가 있을 뿐. 밀고 당기다가 일찍 끝나버린 관계조차도 그것 자체로 나를 성숙시키기 위한 촉매였을 뿐이니, 모든 관계는 감사의 재료가 됩니다.

함께 있는 순간에도 서로 거리를 두어 천상의 바람이 둘 사이에서 춤추게 하십시오. 서로 사랑하되 사랑으로 옭아매지는 마십시오. 바다가 그대들 두 영혼의 해안 사이에서 물결치게 하십시오. 서로의 잔을 채워 주되 한 잔으로만 마시지는 마십시오. 함께 노래하고 춤추며 기뻐하되 현악기의 줄들이 저마다 떨어져 있는 것처럼 홀로 있도록 하십시오. 함께 서 있되 너무 가까이 서 있지는 마십시오. 사원의 기둥도 서로 떨어져 있고, 떡갈나무와 삼나무도 서로의 그늘 속에서는 자라지 못하는 법입니다. ―칼릴 지브란, 『예언자』

오늘 나의 하루는 이렇게 감사로 물들었습니다.

■

■

■

87

호오포노포노 이야기

1980년대 후반, 하와이의 주립 종합병원 정신과 병동은 그곳의 근무자들에게는 실로 골치 아픈 곳이었습니다. 격리 수용된 환자들은 대부분 살인, 강간, 마약, 폭력 전과범들이어서, 환자들 사이의 폭행은 물론이고 환자들이 직원을 폭행하는 일도 빈번하게 일어나곤 했기 때문이지요. 의사들은 한 달을 버티지 못하고 그만두기 일쑤였고, 직원들은 상습적으로 병가를 내곤 했습니다. 그런 곳에 놀라운 기적이 일어난 것은, 휴 렌 박사가 임상심리학자로서 그곳에 부임한 이후부터였습니다.

휴 렌 박사가 그곳에 근무하는 3년 동안, 병원에서는 놀라운 일이 벌어졌습니다. 병동에는 격리실이 사라지고 환자들이 착용하던 팔찌와 족쇄도 더 이상 사용하지 않게 되었지요. 환자들이 복용하는 약도 점차 줄어들었고, 퇴원하는 환자들이 늘어나는 바람에 필요 인원보다 직원들이 남아돌 정도가 되었습니다.

휴 렌 박사는 도대체 어떻게 하여 이런 마법 같은 변화를 일으켰던 것일까요? 박사는 환자들을 자기와 분리된 존재로 보지 않았습니다. 환자의 아픔을 자신의 것으로 느끼고, 환자가 그렇게 된 것을 자기 탓으로 돌리는 "큰 사랑"을 지니고 있었지요. 그는 한 번도 병동의 환자들을 진료하거나 심리치료라는 것을 하지 않았습니다. 그가 행한 것은 환자들의 기록을 살펴보면서 환자의 아픔을 자기의 것으로 느끼면서, "미안합니다. 용서하세요. 고맙습니다. 사랑합니다."라는 진심어린 속말을 되뇌었을 뿐입니다.

'호오포노포노'란 정화와 치유의 비법으로서, 어떠한 처지와 환경에서든 불편하고 잘못된 모든 것들을 자기의 탓으로 돌리고 "미안합니다. 용서하세요. 고맙습니다. 사랑합니다."라는 속말을 되풀이함으로써, 우리 모두에게 이미 입력되어 있는 편견과 선입견, 고정관념 들의 기억을 청소하고, 이 우주를 다스리는 신성한 힘이 삶 속에 역사하도록 수용성의 자세를 갖추는 것이 핵심이라 할 수 있습니다.

내 안에 켜켜이 쌓인 기억의 먼지들을 닦아내고
그동안 잠들어 있었던 거인을 깨우는
단순하면서도 놀랍도록 신비로운
정화와 치유의 주문을 언제 어디에서든
사용해 보십시오.

미안합니다.
용서하세요.
고맙습니다.
사랑합니다.

내가 지나온 모든 길은 곧 당신에게로 향한 길이었다.
내가 거쳐온 수많은 여행은 당신을 찾기 위한 여행이었다.
내가 길을 잃고 헤맬 때조차도
나는 당신을 향해 걸어가고 있었다.
그리고 마침내
내가 당신을 발견했을 때, 나는 알게 되었다.
당신 역시
나를 향해 걸어오고 있었다는 사실을.

—잘랄루딘 루미

오늘 나의 하루는 이렇게 감사로 물들었습니다.

■

■

■

88

잠재의식의 보물창고

독일의 화학자 케쿨레는 오랫동안 벤젠의 분자구조식을 밝혀내고자 연구에 몰두했으나 실마리가 풀리지 않아 애를 먹고 있었습니다.

어느 날 밤, 그는 여섯 개의 불꽃이 고리가 되어 움직이는 꿈을 꾸었습니다. 불꽃은 뱀처럼 몸을 꿈틀거리면서 돌기 시작했습니다. 그런데 그중 한 마리는 제 꼬리를 입에 물고 있었습니다. 그는 번갯불에 얻어맞은 사람처럼 잠에서 깨어났고, 벤젠의 분자구조가 바로 꿈속에서 본 불꽃 모양이라는 것을 깨닫게 되었습니다.

『보물섬』의 작가 로버트 스티븐슨은 생계로 어려움을 겪고 있을 무렵, 잠자리에 들 때마다 자신의 잠재의식을 향해 부탁하곤 했습니다. "많은 독자들에게 사랑받을 수 있도록 재미있는 이야기가 떠오르게 해주세요."

스티븐슨의 꿈 속에서는 '브라우니'와 '패밀리아'라는 이름의 요정들이 밤마다 나타나 이야기를 들려주었고, 그의 걸작 『지킬 박사와 하이드 씨』는 이렇게 해서 탄생되었습니다.

꿈을 통해 풀리지 않는 문제를 해결하고, 꿈속의 계시를 통해 훌륭한 예술 작품을 창작한 예는 헤아릴 수 없을 만큼 많습니다. 보고, 듣고,

냄새 맡고, 맛보고, 만지는 우리의 오감은 우리를 세상과 이어주는 통로임에 틀림없지만, 우리의 존재의 본질은 오감 이상입니다.

대낮의 욕망이 잠든 밤마다 우리의 육감은 슬그머니 기지개 켜고 일어나 그제야 맹활약을 펼치기 시작합니다. 표면의식이 잠들어야 비로소 활약을 시작하는 잠재의식은 인간 존재의 가능성을 무한히 넓혀주는 보물창고나 마찬가지입니다. 잠재의식은 시간과 거리 관념이 없어서 우주 어디에서나 내게 유익한 정보를 가져다줄 수 있습니다.

잠들기 직전이야말로 잠재의식으로 가는 통로가 열리는 때입니다. 온몸이 나른한 상태에서 자신의 염원을 소리내어 말하고, 그 염원이 이루어지기를 소망한다면, 우리 자신의 더 높은 자아는 틀림없이 꿈을 통해 그 길을 안내해 줄 것입니다.

> 잠들기 전, 매일 밤 여러분의 하루를 새롭게 쓰십시오. 마음의 그림을 명확하게 그리고, 당신이 품고 있는 '교정된 장면'과 하나가 되도록 하십시오. 그렇게 새롭게 써낸 상상 속의 장면들은 다른 사람들에게 막강한 힘을 행사할 것입니다. —네빌 고다드

오늘 나의 하루는 이렇게 감사로 물들었습니다.

■

■

■

89

당신은 당신이 생각하는 당신이 아니다

나는 내가 생각하는 내가 아닙니다. 수면 위로 드러나는 빙산처럼, 겉거죽으로 나타나는 "나"는 전체의 극히 작은 일부분이라는 것이 너무나 분명해 보입니다. 한시도 가만 있지 않고, 숨쉬고 움직거리는 이 "나"는 누구일까요? 나 자신의 정체야말로 세상에서 으뜸가는 수수께끼가 아닐 수 없습니다. 그러기에 '진정한 나'를 찾아서 떠나는 여행은, 3차원의 현실이 전부인 줄 알고 전전긍긍했던 나와 세상을 다시 보게 합니다. 여행 도중에 초월의 기미, 해탈의 조짐이 얼핏 보이려고만 해도, 그게 어디인가요. 그만큼의 자유가 더해지곤 하여, 나의 삶에 조금씩 날개가 돋아나는 소리가 들리는 것을. 나와 세상에 대한 겹겹의 진실에 눈을 뜨는 기쁨. 겹겹이기에 한 번 눈을 떠도 그것으로 활짝 다 열리는 것은 물론 아닙니다. 얼마나 많은 층층의 진실이 기다리고 있는지는, 여전히 수인(囚人)인 입장에서는 헤아릴 길이 없습니다.

「투르먼 쇼」, 「매트릭스」, 「그린 마일」, 「13층」 —이 영화들은 먹구름 사이를 뚫고 쏟아져 내리는 햇살처럼 이 지구촌을 소리 없이 융단 폭격해 주었던 것 같습니다. 한동안 그만한 영화를 만나지 못했었는데, 얼마 전에 우연히 "주피터 어센딩"을 만났습니다. 겉보기에는 아무리 보잘것없고 초라한 존재라도, 우리 모두의 속살은 너무나 찬란하여 눈이 부실 정도임을 말해주는 영화였습니다.

마리안 윌리엄슨은 말합니다. “우리는 우리 안의 어둠에 놀라기보다는 우리가 본래 빛의 존재라는 점에 더욱 놀라워합니다. 내가 어떻게 감히 그렇게 찬란하고 눈부신 존재가 될 수 있단 말인가?”

잠재의식의 힘을 사용하는 데 가장 중요한 핵심은
감사하는 마음, 배려, 사랑의 힘입니다.
사람에게는 화가 날 때도 웃을 수 있는 힘이 있고,
이것이 소위 말하는 ‘기적을 불러옵니다.

—조셉 머피

오늘 나의 하루는 이렇게 감사로 물들었습니다.

■

■

■

90

나에게 속삭이는 축복의 말

사랑하는 아이야, 너 스스로 한계를 짓는 것일 뿐, 어떠한 한계도 없이 마음껏 뛰놀면서 배우도록 설계되어 있는 이 지구별 놀이터에서, 오늘 하루도 수고가 많았구나. 언젠가 네가 찬탄하였듯이, 나뭇잎 한 장에도, 벌레 한 마리에도 인간의 과학으로는 감히 측정할 수도 없는 기적이 스며들어 있는 것이 사실이다. 하물며 인간의 몸·마음이야 말할 것이 있겠느냐? 너를 이루는 80조 개의 세포 하나하나에도 천문학적인 수리적 정밀함과 놀라운 디자인 감각으로 설계된 엄청난 정보가 저장되어 있다는 것을, 너 역시 알아차려 가고 있지 않느냐?

200만 개의 시각 신경섬유를 활용하여 너는 오늘 무엇을 보았느냐? 1만 개의 청각 신경섬유를 활동하게 하여 무엇을 들었느냐? 206개의 뼈와 600개의 근육을, 무엇을 위해 움직거렸느냐? 값으로는 헤아릴 수 없는 보물들이 네게 주어졌으나, 너는 과연 그 보물을 제대로 알아보기나 한 것이냐? 너의 소중한 보물을 쓰레기나 다를 바 없는 것들과 바꿔치기 하느라 수고하고 애쓰고 있는 것은 아니냐?

네가 자신을 누구라고 생각하든, 너는 그 이상이다. 너 자신을 폄하하지 말아라. 그 무엇도 두려워하지 말아라. 너는 오늘 하루종일 너에게 장차 들어올 품삯을 머릿속으로 헤아리면서 걱정하였다. 계산을 맞추지 못할까 봐, 네게 주어진 도리를 다하지 못할까 봐 두려워하면서, 너 자신의 소중한 자산을 낭비하여 버렸다. 네가 스스로 해야 할 도리라면서, 너 스스로를 결박하고 말았다. 너 스스로 감옥을 만들고, 그 안에 내가 준 보물들도 가두어버리고 말았다.

그렇다, 너는 더 잘살고 싶어 하고, 더 풍요롭게 살고 싶어 한다. 소위 돈이라는 것을 초월하고 싶어 하면서도, 더 넉넉한 풍요로움이 주어져야만 비로소 돈으로부터 자유로워질 것이라고 조건을 갖다붙이고는 그 안에 갇혀 버린다.

벗어나려고 발버둥치지 말아라. 벗어나려고 할수록 더욱더 옥죄일 것이다. 두려움을 밀쳐내지 말아라. 그럴수록 두려움은 기승을 부릴 것이다. 두려워하는 너 자신을 껴안아 주어라. 얼마나 가련하고 불쌍하냐. 네게 이미 주어져 있는 보물들에 대해서는 곁눈질도 하지 않으면서, 쓰레기 같은 것들에만 한사코 침을 흘리고 있다니! 네가 그렇게도 두려워하는 것이 무엇이냐? 무능력자라고 사람들이 돌을 던지는 것이 그렇게도 무섭고 치가 떨리는 일이냐?

자녀를 위해 네가 최소한으로 해주어야만 한다고 여기는 그것이 과연 최소한이더냐? 자녀 안에 이미 깃들어 있는 보물을 암시하고 일러주는 것만큼 중요한 일이 또 있더냐? 사람들이 돌멩이를 던진다면 기꺼이 맞으면 된다. 피눈물을 흘리더라도 그것은 어디까지나 겉거죽일 뿐, 네가 지닌 진정한 보물에 대해서는 손끝 하나 건드릴 수 없다는 것을 알아차려라.

장차 어떤 일이 벌어지더라도 미리 두려워하지 말아라. 저항하지 말아라. 담대해져라. 사랑하는 사람들이 돌아설까 봐 두려우냐? 두려워하지 말아라. 네 안의 보물창고를 활짝 열 때, 네가 감당할 수 없을 정도로 많은 사람들이 네게 사랑신호를 보내오리라. 너의 겉거죽 살림살이를 나무라는 사람들의 돌멩이질로는 어림없다. 네 안에 있는 보물창고는 한 귀퉁이도 허물어지지 않는다.

웅크리지 말아라. 저항하는 순간, 너는 스스로 출입구를 막아버린다. 축복의 문을 스스로 닫아버리지 마라. 네 입맛에 맞는 것들만을 받아들이려고 할 때, 행운의 여신 또한 문이 닫힌 것을 보고는 돌아서버릴 것이다. 언제든지 문을 활짝 열어두어라. 너에게 주어지는 모든 것은 축복이다. 언뜻 보기엔 "저주"라고 여겨지는 것들이라도 잘만 씹어먹으면 "축복"이다. 그때 그런 처지에서의 네게는 그것이 가장 필요한 약이었다는 것을 나중에야 깨닫곤 하지 않았더냐? 그러니 그 무엇도 저항하지 말아라. 다 받아들여라. 문을 활짝 열어놓아라.

가장 통달하기 힘든 셈은 우리에게 주어진 축복을 헤아리는 것이다.

—에릭 호퍼

오늘 나의 하루는 이렇게 감사로 물들었습니다.

■

■

■

91

세 가지 질문

이 세상에서 가장 중요한 때는 언제인가?
이 세상에서 가장 필요한 사람은 누구인가?
그리고 이 세상에서 가장 중요한 일은 무엇인가?

한 황제가 문득 생각하기를, 위의 '세 가지 질문'에 답을 얻기만 하면 현명한 군주가 될 수 있을 것 같았습니다. 그래서 황제는 이 질문들에 합당한 답을 내놓는 사람에게는 후한 상을 내리겠다고 공포합니다.

계획표를 정확하게 만들어 그에 따르도록 하라는 의견, 현자들로 구성된 자문회를 만들라는 의견, 족집게 점쟁이를 곁에 두라는 의견 등, 갖가지 대답이 제시되었지만 황제는 어느 것도 맘에 들지 않았습니다.

그는 생각한 끝에 은둔생활을 하는 한 현자를 방문하기로 했습니다. 그 현자는 부유한 사람이나 이름 있는 사람은 만나 주지 않는 것으로 알려져 있어서, 황제는 허름한 시골 사람으로 변장을 하고, 호위병들을 산기슭에 대기시켜 놓은 채 혼자 현자의 오두막으로 찾아갑니다.

그가 찾아갔을 때 현자는 정원에서 힘들게 땅을 파고 있었습니다.

황제가 세 가지 질문을 하고 대답을 묻는데도, 현자는 여전히 힘들게 땅만 파고 있었습니다. 황제는 현자가 힘들게 일을 하고 있는 것이 안돼 보여 현자에게 삽을 달라고 하고는, 자신이 삽질을 하기 시작했습니다.

황제가 땅을 파고 있는데, 심하게 상처를 입은 한 사람이 쫓기듯이 뛰어오다 황제 앞에 그만 정신을 잃고 쓰러집니다. 황제는 그 부상당한 사람의 상처를 싸매주고 보살펴주어 그 사람의 생명을 구하게 됩니다.

이튿날 아침, 정신을 차리게 된 사람은 황제에게 고백합니다.

"저를 용서해 주십시오. 저는 당신을 죽이려고 했던 사람입니다. 형제들이 당신에게 사형을 당한 데다가 재산까지 몰수당했기 때문에, 저는 복수를 하려고 벼르고 있었습니다. 당신이 이곳에 왔다는 소문을 듣고는 길목에서 기다리고 있다가 당신을 죽이려고 했습니다. 하지만 그만 당신의 호위병들에게 들켜서 칼을 맞고는 도망치던 참이었습니다. 그런데 당신을 만나서 목숨을 구하게 되었습니다. 당신이 나를 치료해 주시지 않았더라면, 나는 피를 흘리고 죽게 되었을 것입니다. 당신을 죽이려고 했는데도 당신은 저의 목숨을 살려주었습니다. 그러니 오늘 이후로 저는 당신의 가장 충실한 노예로서 당신을 극진히 모시도록 하겠습니다."

사연을 알게 된 황제는 그에게 모든 재산을 다 돌려주고 오히려 그를 극진히 보살펴주겠다고 말합니다.

황제가 다시 현자에게 세 가지 질문에 대한 답을 물었을 때, 현자는 황제에게 이미 답을 얻었다고 말합니다.

"내가 힘들게 삽질을 하고 있었을 때, 당신은 궁으로 돌아가지 않고 내게 가장 필요한 일인 삽질을 해주었고, 그럼으로써 당신은 죽을 뻔한 처지에서 생명을 구했습니다. 또 당신은 부상으로 신음하던 사람을 돌보아주었습니다. 바로 여기에 세 가지 질문에 대한 답이 모두 들어 있습니다. 이 세상에 가장 중요한 때는 바로 지금이고, 가장 필요한 사람은 바로 지금 내가 만나고 있는 사람이고, 그리고 이 세상에서 가장 중요한 일은 바로 내 옆에 있는 사람에게 그가 필요로 하는 선한 일을 행하는 것입니다."

톨스토이가 전해주는 이 우화는 삶이 더욱 풍부해지고 행복해지는 조건이 무엇인지를 깨닫게 해줍니다.

이제껏 살아온 것이 기적이었다면,
삶은 언제나 기적이리라.

—앤드류 슈바르츠

오늘 나의 하루는 이렇게 감사로 물들었습니다.

■

■

■

92

궁극의 하나가 채워지지 않으면

세상의 모든 아픔을 다스리는 궁극의 처방은 "하나"뿐입니다. 그 "하나"가 채워지지 않으면, 모든 인간은 허기증과 갈망으로 방황하고 아플 수밖에 없습니다. 이 "하나"를 발견하고, 키우고, 증장하는 일에 참여할 때, 인생은 대반전을 겪게 됩니다. 이 "하나"는 우리가 잠들어도 잠들지 않고 우리의 심장을 주관하고 생명을 주관합니다. 이 "하나"는 우리의 육신이 죽어도 죽지 않습니다. 아무리 미세한 곳에도 스며들지 못하는 바가 없고, 아무리 크고 거대한 것도 포함하지 못하는 바가 없습니다. 세상사가 아무리 다양하게 펼쳐지고 다양한 법을 말하고 주장해도, 이 "하나"가 내 안에 이미 자리하고 있음을 알아차리고, 이 "하나"의 눈과 귀와 코와 혀와 몸과 마음으로 세상을 경험한다면, 그 어디에서도 상처받을 수 없고, 잃을 수 없는 "영원한 하나"를 살게 될 것입니다. 이것이야말로 궁극의 치유가 아닐 수 없습니다.

달빛이 내 안에 가득한데
나는 눈이 멀어 달빛을 못 본다네.
달빛이 내 안에 있고

태양도 바로 내 안에 있는데,
치지 않아도 울리는 영원의 북소리가 내 안에 가득한데
나는 귀가 멀어 그 소리를 못 듣는다네.
내가 했다고 내 것이라 외칠수록
행한 모든 일들은 가치가 없어질 뿐이니
나와 내 것에 대한 사랑이 죽어야만
신의 과업이 이루어진다네.
노력하는 목적은 오직 지혜를 얻기 위한 것일 뿐
지혜를 얻고 나면 어떤 노력도 필요치 않으리.
꽃은 열매를 위해 피어나니
열매가 맺으면 꽃은 시들기 마련이라
사향노루는 스스로 사향을 품고 있음에도
그것이 자기 안에 있음을 알지 못한 채
향기를 찾아서 여기저기로 헤매는구나.

—카비르, 「사랑의 노래」

오늘 나의 하루는 이렇게 감사로 물들었습니다.

■

■

■

93

감사로 젖은 나날들

신경정신과 의사로 활동하면서 인간의 뇌와 정신 활동에 대한 흥미로운 이야기들을 쉽고 감동적으로 들려주어 수많은 독자들에게 많은 사랑을 받았던 올리버 색스는, 자서전을 마무리한 얼마 후 시한부 인생을 선고받았습니다. 그의 머릿속에는 지나간 날들의 온갖 기억들이 엄습해 왔는데, '좋은 기억도 있고 나쁜 기억도 있었지만, 대부분 감사하고픈 기억들'이었다고 합니다.

통증에 시달리지 않았던 몇 개월 동안, 그는 글을 쓰고, 수영을 하고, 피아노를 치고, 여행을 즐겼습니다. 어느 날에는, 도시의 불빛으로부터 한참 떨어진 시골에서 밤하늘 가득히 "가루처럼 별들이 흩뿌려진" 풍광을 보고는, 마지막 저세상으로 갈 때에도 저런 밤하늘을 보면서 숨을 거두고 싶다고 생각하지요.

「뉴욕타임스」에 기고한 '나의 생애'라는 수필에서 그는 이렇게 고백합니다. "두렵지 않은 척하지는 않겠다. 하지만 내가 무엇보다 강하게 느끼는 감정은 고마움이다. 나는 사랑했고, 사랑받았다. 남들에게 많은 것을 받았고, 나도 조금쯤은 돌려주었다. 나는 읽고, 여행하고, 생각하고, 썼다. 세상과의 교제를 즐겼다. 특히 작가들과 독자들과의 특별한 교제를 즐겼다. 무엇보다 나는 이 아름다운 행성에서 지각 있는 존재이자 생각하는 동물로 살았다는 것, 그것은 그 자체만으로도 엄청난 특권이자 모험이었다." (올리버 색스, 『고맙습니다』)

세상에서 가장 지혜로운 사람은
배우는 사람이요,
세상에서 가장 행복한 사람은
감사하며 사는 사람이다.

—탈무드

오늘 나의 하루는 이렇게 감사로 물들었습니다.

■

■

■

94

이 고운 빛은 어디에서 왔을까

여인이 꽃들을 바라보면서 아름다움에 감탄하는 모습은 입가에 저절로 미소를 머금게 하는 풍경입니다. "꽃밭에서"라는 노래는 그런 여인의 모습을 손에 잡힐 듯이 연상시켜 주는 대중가요이지요.

꽃밭에 앉아서 꽃잎을 보네
고운 빛은 어디에서 왔을까
아름다운 꽃이여 꽃이여
이렇게 좋은 날에 이렇게 좋은 날에
그 임이 오신다면 얼마나 좋을까

꽃잎과 꽃받침 등의 기하학적인 정교함과 꽃잎에 곱게 스며들어 있는 아름다운 빛깔들 앞에서 여인의 마음속에는 물음표가 겹겹으로 생겨납니다. 이 고운 빛은 도대체 누가 낸 것일까? 도대체 어디에서 왔을까? 이 절묘한 솜씨를 누가 감히 흉내라도 내볼 수 있을 것인가?

여인의 마음속에 그려졌을 물음표, 그것으로 인해 여인의 존재의 태초의 시원(始原)으로까지 연결됩니다. 하지만 안타깝게도 꽃을 바라보는 여인의 마음은 "이렇게 좋은 날에 임이 함께한다면 얼마나 좋을까"라는 안타까움에 머물고 말지요. 임이 지금 여기에 없다는 아쉬움

내지는 한숨으로 끝나고 마는 것입니다.

여인은 지금 이 순간에도, 태초부터 계속 현재진행중인 기적과 함께하고 있는 것을! 그리고 무엇보다도, 그녀가 감탄을 거듭하고 있는 꽃과 마찬가지로, 그녀 또한 '기적' 자체인 것을!

사무엘 베케트의 희곡 「고도를 기다리며」에서, 등장인물들은 장화를 벗었다 다시 신는 등의 무의미한 동작을 되풀이하며 '고도'라는 존재를 내내 기다립니다. 연극 속의 주인공들은 불행하게도 지금 여기에 있는 것들의 신비에는 조금도 눈길을 던지지 않지만, "꽃밭에서"의 여인은 확실히 다르지요. 꽃의 신비에 이미 눈을 뜨고 있으니까요. 그것이야말로 이제 곧 자신의 신비에도, 자기 자신의 내면은 물론 외적 생김새 구석구석이 신비 자체라는 것에 눈뜰 때가 되었다는 신호가 아닐까요?

당신은 이미, 꽃보다 아름답고 신비스러운 존재입니다. 존재 자체만으로도.

감사는 고결한 영혼의 얼굴이다. —제퍼슨

매일 감사 오늘 나의 하루는 이렇게 감사로 물들었습니다.

■

■

■

95

우리는 모두 원래 "빛사람"

수천 수만의 빛깔이 있지만 그 모든 빛깔을 더하면 흰빛이 됩니다. 펼치면 수천 수만 가지 빛깔이 나타나고, 수렴하면 눈부신 흰빛의 근원 자체가 됩니다.

빛의 세계가 물질의 세계로 내려오면 탁기가 더해져서 '빛'은 '색'이 됩니다(空卽是色). 색 또한 수천 수만 가지로 나타나 보이지만 그 모두를 수렴하면 검은색이 됩니다. 원래 "빛사람"이었으나 세상의 물질에 물들면 색깔에 물든 인간이 되고 마는 것이지요.

생명은 빛이고 죽음은 어둠입니다. 어둠이 있는 곳에 빛이 스며들면 어둠은 사라집니다. 어둠은 있는 듯 보여서 자기 존재를 주장하나 실체가 없습니다(色卽是空). 애초에 어둠은 없습니다. 빛의 농도가 약해서 어둡게 보일 뿐이지요.

예수는 우리 모두가 원래 "빛사람"임을 이렇게 가리켜 보였습니다. "그들이 그대들에게 '당신들은 어디서 왔소?'라고 묻거든 그들에게 말하십시오. '우리는 빛에서 왔습니다. 빛이 저절로 생겨나는 자리, 빛이 확고하게 자기 자리를 잡고 있는 곳, 빛이 자신들을 형상으로 나타내는 자리에서 왔습니다.'라고 말하십시오. 그들이 그대들에게

'그 빛이 그대들인가?'라고 묻거든 '우리는 그 빛의 아이들입니다. 우리는 살아 계시는 아버지로부터 선택받은 자들입니다.'라고 말하십시오. 그들이 그대들에게 '당신 안의 무엇이 당신들의 아버지를 입증할 수 있는 것인가? 당신들이 빛의 아이들이라는 증거를 내보여 보시오'라고 하거든, 그들에게 대답하시오. '이렇게 살아서 움직거리고 또 쉬는 것이 그 증거요.'"(도마복음 50절)

우리가 경험할 수 있는 가장 아름다운 정서는 신비적인 것이다. 이것은 모든 참된 예술과 과학의 씨를 뿌린다. 이런 정서가 낯선 사람은…죽은 것과 마찬가지다. 우리가 헤아릴 수 없는 것이 실제로 존재한다는 것, 우리의 아둔한 능력은 가장 원초적인 형태로밖에 이해할 수 없는 최고의 지혜와 가장 빛나는 아름다움으로 스스로를 드러내고 있다는 것, 이런 앎, 이 느낌이 진정한 종교성의 핵심에 자리 잡고 있다.

— 아이슈타인

오늘 나의 하루는 이렇게 감사로 물들었습니다.

■

■

■

96

치유의 지름길

"바쁘다, 바빠"를 입에 달고 살든, 걸림돌에 넘어져서 삶의 수레바퀴를 잠시 멈춰 세우고 몸을 추스르면서 재기를 노리고 있든, 우리 모두가 머리에 붙은 불을 끄듯이 화급하게 해야 할 일이 있다면, 그것은 세상과 자기 자신이 병들어 있음을 인정하고 서둘러 돌이키는 일일 것입니다.

이 지구별에서 살아가는 주민들은 거의 대부분 무언가에 중독되어 있습니다. 이렇게 저렇게 되어야만 행복해질 거라는, 이것과 저것과 그것을 가져야만 온전해질 거라는 "조건화"에 목매달고 살고 있다면, 누구나 어플루엔자(Affluenza)*에 감염되어 있는 셈입니다.

(* 어플루엔자 : 부자병. 풍요로워질수록 더 많은 것을 욕망하는 현대인의 탐욕이 만들어낸 질병. '소비가 우리를 자유롭게 하리라.'라는 소비지상주의의 환상을 좇게 하여 바이러스 감염자를 불행으로 이끄는 것이 특징이다. 주요 증상으로는 무력감, 과도한 스트레스, 채워지지 않는 욕구, 쇼핑 중독, 우울증 등이 있다. 올리버 제임스의 『어플루엔자』에서 빌어씀.)

우리 모두는 어떤 정해진 조건을 갖추어서 빈 칸을 채워넣어야만 온전해지는 불완전한 존재들이 아닙니다. 우리에게 본래 깃들어 있는 "거룩함"과 "온전함"을 회복하려면 어떻게 해야 할까요? 이미 거룩한 존재임에도 자신의 거룩함을 깨닫지 못한 채 이렇게 저렇게 되어야만 온전해질 거라고 믿고, 그런 조건들을 만족시키기 위해 자기를 재우치고 구박하고 학대까지 한 나머지 병이 들어 있다면, 먼저 병든 몸과 마음부터 치유해야 합니다.

무엇이 치유의 지름길일까요? 먼저 자기를 비워야 합니다. 중독되어 온 그 마음을 비워야 하지만, 그런 마음으로 살아온 몸을 비우는 것이 우선적으로 이루어져야 할 일일 것입니다. 문자 그대로, 단식을 하는 것이지요. 우리의 몸은 우리가 먹는 것과 생각하는 것과 사용하는 방식을 고스란히 반영합니다. 우리의 몸 또한 거룩한 것임을 깨닫지 못하고 욕망이 춤추는 대로 먹고 마셔 왔다면, 몸이라는 이름의 성전은 이름만 성전일 뿐 온갖 쓰레기들로 만원일 것입니다.

성전 안의 쓰레기부터 치워야 합니다. 성전을 청소하고 비우는 일, 그것은 고통이 아니라 기쁨으로 할 수 있는 일입니다. 곡기를 끊으면서 허기를 참기만 하는 것이 아니라 물의 천사, 공기 천사, 햇빛 천사, 대지의 천사들과 함께하면서 그들과 노는 것입니다. 그들에게 몸을 내맡기기만 하면 천사들은 몸 구석구석을 씻고 닦아서 반짝반짝 빛나게 해줄 것입니다. 일주일이고 보름이고 몸이 회복될 수 있는 기간만큼의 단식이 끝나고 나면, 살생으로 기운이 더럽혀진 고기를 먹는 일을 삼가고, 살아 있는 거룩한 음식으로 몸을 살릴 일입니다.

병든 육신을 회복하고 삶을 다시금 "거룩함"으로 물들이는 일, 잎새에 이는 바람 한 점에도 신성한 이의 입김을 느끼는 일, 별과 별이 한 날도 어긋남이 없이 서로를 돌면서 하늘에서 빛나도록 받쳐주는 그 힘이 내 안에도 이미 내재되어 있음을 깨닫는 일….

"그때, 아픈 사람들이 그에게로 몰려가서 물었다. 우리는 도대체 왜 아픈가요? 어떻게 해야 나을 수 있을까요?" 에세네 형제들의 성경 두루마리인 『에세네 평화의 복음』은 이렇게 시작됩니다. 2천 년 동안 잠자고 있었던, 인류를 위한 "치유 교과서" 『에세네 평화의 복음』은 세상의 모든 아픈 사람들을 향한 예수의 메시지이자 생명을 온전히 꽃피우기 위한 기쁜 소식입니다.

그 책이 가리켜 보이는 치유의 지름길은 단식과 기도로 요약될 수 있습니다. 자기 자신의 몸과 마음을 비우고 하늘과 통하는 길을 찾는 것, 그것이야말로 본래의 온전함을 되찾을 수 있는 최상의 방편일 것입니다.

> 우리가 자신을 비우고 깨달음으로 하루를 열기 시작할 때, 우리는 얼마 지나지 않아 우리의 존재 안에 꽃이 피어남을 느끼게 됩니다. 우리가 있다는 것만으로도, 우리 자신의 존재 자체가 다른 이들에게 축복이 되어줍니다.
>
> —조엘 골드스미스, 『기적의 치유 코스』

오늘 나의 하루는 이렇게 감사로 물들었습니다.

■

■

■

97

채워도 채워도 채워지지 않는 구멍에 대하여

겉보기엔 모든 것을 다 갖추고 있는 것처럼 보이는 사람도 가까이에 다가가서 접촉해 보면, 뜻밖에도 나름 어려운 문젯거리를 안고 살아간다는 것을 발견하게 되곤 합니다. 풀어야 할 문젯거리가 당장 없는 것처럼 보이더라도, 뭔가 얼른 눈에 띄지 않는 결핍감 속에서 뭔가를 더 더 원하고 갈망하면서 살아가는 것이 거의 모든 대중들의 살림살이일 것입니다.

어린 시절에 혹독한 가난을 경험한 사람은 아무리 풍족한 살림이 되어도 만족을 모르고 달려가는 경우가 적지 않습니다. 사랑에 대한 갈망 또한 마찬가지여서 상대를 바꿔가면서 사랑의 갈증을 채우려고 합니다.

세상에 태어난 이상 우리 모두는 "채워도 채워도 채워지지 않을 구멍" 하나씩을 갖고 있는 것이 아닐까요? 아무리 집어넣고 집어넣어도 만족을 모르는 구멍, 채워도 채워도 흔적조차 제대로 남지 않을 정도로 거대한 구멍.

그 구멍은 우리에게 속삭이곤 합니다. "조금만 조금만 더 채워 줘.

그것만 채우면 넌 세상 어느 누구도 부럽지 않은 존재가 될 거야. 그것만 채우면 넌 완전해질 거라구."

사랑이라는 이름으로 여기저기 갈퀴질을 하고 또 해도 영원히는 채워지지 않을 욕망의 구멍 하나. 채워졌다 싶어도 하루 이틀 지나지 않아 다시 또, 다시 또 굶주림을 호소할 욕망의 구멍 하나. 물질만으로는, 몸짓만으로는, 끝내 채워지지 않을 구멍 하나. 금방이라도 다 채워질 것처럼 가장하지만 아무리 채우고 또 채워도 여전히 배가 고프다고 아우성일 게 뻔한 어둡고 음습한 구멍 하나.

3차원의 이 지구에 태어난 이후로 우리 모두는 어쩌면 채워질 수 없는 구멍 하나씩을 갖고는 그것을 채우기 위해 살아가고 있는지도 모릅니다. 채워도 채워도 채워지지 않을 구멍을 갖고 있으면서도 이것만 채우고 나면, 저것만 채우고 나면, 더 행복해지고 충만해질 것이라고 착각들을 하면서 살고 있는 것이 아닐까요?

"채워도 채워도 채워지지 않을 구멍 하나"—그것은 분명 삶의 동인(動因)이 되어줍니다. 질투와 분노와 복수가 삶의 동력이 되어주듯이. 채워야 할 무엇이 없다면 3차원에서의 삶은 아마도 동력을 상실하고 막을 내려 버릴지도 모릅니다. 그러나 그럼에도 불구하고, 아니 그러기에 더욱 더, 이제는 알아야 할 것입니다, 채워도 채워도 채워지지 않을 그 구멍이 정작 말하고자 하는 바는 무엇인지를.

아무리 되풀이 채우고 채워도 채워지지 않는 그 구멍이 진실로 진실로 바라는 것은 우리의 정기를 다 빨아들여서 실컷 배를 채우고 우리의 낡아빠진 육체를 내팽개쳐버리는 최후를 목표로 삼고 있는 것은 아닐까요? 채워도 채워도 채워지지 않는 구멍 하나, 그것이 진실로 진실로 바라고 목말라 하는 것은 내가 지금 채우려고 애쓰면서 몸짓 마음짓 하는 그것이 아닐지도 모릅니다, 아마도. 그리고 그것이 분명하다면, 우리는 외부의 무엇인가로, 나 바깥의 누구인가로 채우려고 드는 갈퀴질을 그만두고, 시선을 안으로 돌려야 하지 않을까요? 자기 안에 이미 갖추어져 있는 "그것"에로.

> 모든 사람은 귀중한 다이아몬드와 같습니다. 그러나 시간이 좀 지나면 먼지에 뒤덮입니다. 먼지 아래에 무엇이 있는지를 꿰뚫어보기란 쉽지 않지요. 그러나 그 먼지를 닦아내기만 하면, 당신은 이 놀라운 보석이 찬란한 빛을 다시 반짝이게 할 수 있습니다.
>
> —바탈리 기베르트, 『미래 모델링』

백일감사 오늘 나의 하루는 이렇게 감사로 물들었습니다.

■

■

■

98

말할 수 없는 위안

어떤 빛깔 어떤 향기의 사랑이든, 사랑이 없다면 세상의 모든 말은 공허한 울림에 지나지 않습니다. 사랑이 없다면 세상 만물은 그저 질서정연한 원자배열에 지나지 않을 것입니다. 사랑이 있기에 만물은 맥박을 쿵쾅거리며 생명을 노래합니다. 사랑이 없이는 세상이, 우주가 존재할 수 없습니다.

세상 전체가, 우주 만물이 사랑에서 비롯되었고, 사랑으로 유지됩니다. 별과 별이 서로를 돌면서 균형을 유지하는 것도 사랑의 힘에 의해서입니다. 수많은 별들이 아무 뜻도 없이, 누구의 입김도 없이, 우주를 방황하고 있을 리는 없지 않습니까? 사랑의 힘이 아니라면 어떻게 그것들이 그렇게 "질서정연한 방황"을 할 수 있겠습니까?

사랑에서 비롯된 우리 모두는, 살아가면서도 늘 사랑을 고파합니다. 우리 모두의 눈 귀 코 혀는 사랑을 사냥하기 위해 쉴 새 없이 작전에 들어갑니다. 24시간 내내 작전중입니다. 꿈속에서도 사랑을 찾아 헤매고, 그것은 이 우주의 번성을 위한 지극히 당연한 생명 활동입니다. 창조주의 설계도에 따라 사랑의 기쁨에 눈뜬 젊은이는 온 세상이, 온 우주가 다른 빛깔로 보인다고 말합니다. 풀도 나무도 하늘도 온통 달라 보인다고 합니다. 인생은 분명, 사랑을 경험하기 이전과 이후로 대별될 수 있습니다.

사랑의 의미가 그렇게 큰 만큼, 사랑의 상실과 사랑이 충족되지 못할 때의 비애도 클 수밖에 없습니다. 사랑을 찾아 헤매지만 마땅한 임자를 만나지 못한 사람의 마음은 "외로운 사냥꾼" 바로 그것입니다. 세상에서 가장 큰 기쁨인 사랑을 찾지 못했을 때의 허무와 비애는 수많은 예술 작품의 모태가 되어 왔지만, 우리 모두가 가만히 직시해야 할 것이 있습니다. 어느 누구도 사랑받지 않고 있는 사람은 없다는 점입니다.

누구도 사랑의 소산이 아닌 경우는 없습니다. 누구나 귀하고 귀한 생명입니다. 어느 순간에도, 그가 상실의 아픔에 함락당하여 슬피 울고 있을 때라도, 보이지 않는 큰 손은 그를 쓰다듬고 있습니다. 그것이 진실입니다.

아무리 사랑에 굶주리고 있는 외로운 혼처럼 보인다고 해도, 그것은 사실이 아닙니다. 그가 사랑을 외면하고 있는 것일 뿐, 사랑은 어느 순간에도 태양처럼 그에게 쏟아지고 있습니다. 그가 스스로 구름을 만들어 태양을 가리고 있는 것일 뿐입니다. 인류의 가장 큰 병은 "사랑결핍증"임이 분명하지만, 더 정확하게 표현하자면 "사랑에 대한 무자각증"일 뿐입니다.

사랑을 넉넉하게 받고 자라난 아이가 사랑을 베풀 줄 아는 어른으로 성장한다는 말이 있습니다. 불모지에서는 꽃이 필 수 없는 것처럼, 사랑은 사랑의 토양에서라야 무성하게 자랄 수 있습니다. 마찬가지로,

내 안에 흘러넘치는 사랑을 못 본 척하고 외로움과 고독에 쩔은 사람이 외부의 누군가와 멋진, 충족된, 아름다운 사랑을 꽃피울 가능성은 희박합니다.

스스로 사랑받고 있음을 모르는 이는, 굶주린 이리처럼 기갈이 들려 사랑의 단물에 광분하겠지만, 아마도 더 더 많은 사랑을 요구할 뿐, 주는 데에는 인색하기 십상일 것입니다. 아무리 주고 싶어도 줄 수 있는 밑천이 없기 때문이지요. 기실은 밑천이 없는 것이 아니라, 아무리 써도 바닥이 나지 않는 무한한 밑천이 있는데도, 그걸 모르고 외면하고 있는 것일 뿐이지만요. 장님처럼 눈을 감고 있는데, 밑천이 있은들 무슨 소용이겠습니까?

우리 모두는 먼저 자기 자신을 사랑할 줄 알아야 합니다. 그리고 자기 사랑은, 내가 큰 사랑을 받고 있다는 자각에서부터 싹이 틉니다. 자신이 큰 사랑의 빛 속에서 살고 있다는 것을 아는 사람은, "나 같은 것이 감히…"라고 자기를 비하하지 않습니다. "이 못난 죄인"이라는 말로 겸손을 가장하지도 않습니다.

어느 큰 사랑이 있어 나를 잉태시켰는데, 큰 사랑의 닮은꼴로 태어난 이가 "이 못난 죄인을 불쌍히 여겨 달라"고 칭얼대기만 한다면, 어버이 되는 큰 사랑의 마음이 어떻겠습니까?

그런 말은 곧 "나를 왜 이 모양으로 낳았느냐?"는 불평불만이나 항의로 들리지 않을까요? 장차 의연하게 백성들을 다스려야 할 왕자와 공주가 자립심을 키울 생각은커녕 이것도 달라, 저것도 달라, 손을 내미는 데만 익숙하다면, 왕은 실로 어이가 없을 것입니다.

한 톨의 씨앗 속에 크고 무성하게 자랄 나무가 들어 있는 것처럼, 우리 안에는 이미 온갖 자질의 씨앗이 다 뿌려져 있습니다. 그걸 알아보고 키울 생각은 하지 않고 하늘을 올려다보며 보채기만 한다면, 하늘의 왕은 난처하지 않을까요?

왕자와 공주가 왕자와 공주다워지려면, 먼저 자신의 핏줄을 알아볼 수 있어야 합니다. 자신의 피 안에서 뛰노는 큰 사랑의 DNA를 알아볼 수 있어야 의연하고 당당하게 일어설 수 있습니다. 누가 뭐래도 왕의 품성을 이어받았다는 것을 자각하면, 그는 굳이 자신의 신분을 주장하려고 애쓰지도 않을 것입니다. 자신만이 진짜라고 떠드는 것들은 대개가 가짜들입니다. 진짜는, 명품은, 말이 없습니다. 자신 안에 있는 사랑의 빛을 보고 자신의 명품됨에 감격한 왕자와 공주는, 누가 뭐라고 하지 않아도 그 빛을 나누는 데에 열중할 것입니다.

그렇다면, 어떻게 해야 그 큰 사랑의 빛을 내 안에서 느끼고 체험할 수 있을까요?

빛의 통로를 가로막아 온 장애물들을 치우는 것뿐입니다. 할 일은 그것이 전부입니다.

천천히 숨을 들이쉬고 내쉬면서, 지금 이 순간, 나 자신을 가만히 느껴 봅니다.

지금 이 순간에도 나의 존재를 떠받치고 있는 위대한 근원의 힘이 있습니다. 그 근원의 힘은 곧 사랑입니다. 내가 알아보지 못하고 있었던, 나보다 천만 배나 더 크고 더 밝은 사랑입니다. 그 사랑에 눈뜰 때, 우리들 각자의 존재는 놀라운 화학적 변화를 경험하게 됩니다.

햇빛이
초록 잎사귀를 흔적 없이 투과하듯이
꽉 찬 달이
천 개의 강물에 소리 없이 자신을 나투듯이
당신이 알든 모르든
떼를 쓰고 부인하든
누군가
당신 안에 이미 스며들어 있어
당신이 무슨 말을 하고
무슨 짓을 하든
하염없이 너른 경계선으로
당신을 품에 안고
말없는 사랑
건네고 있다는 것을
알아차리는 그 순간만큼
더 큰 위안이 있을까요.

아무리 달아나려고 애써도
부인하려고 몸부림 마음부림 쳐도
그는 이미 당신 안에 있으면서도
자기 사랑을
조금도 주장하지 않고
마침내, 결국, 끝내

당신이 그에게로 돌아서서
환한 미소
온몸으로 지으며
"우리는 하나"라고 속삭여주기를
기다리고 있다는 것…. 그것을
알아차리는 순간만큼
더 큰 위안이 있을까요.

세상을 이루는 바탕은 사랑의 힘이다. 이것은 단순한 비유가 아니다. 우주의 샘과도 같은 그 사랑의 힘을 느끼려면 그 안으로 들어가 보면 된다. 거기에는 끌어당기는 얼이 있기 때문이다.

—테야르 드 샤르댕, 『인간 현상』

오늘 나의 하루는 이렇게 감사로 물들었습니다.

■

■

■

99
변신의 조건

털북숭이 애벌레들만 사는 숲속 마을에 놀라운 소식이 전해집니다. 숲의 요정이 속삭여 준 말을 애벌레들은 도저히 믿을 수가 없습니다.

"당신들 애벌레들에게 놀라운 기적이 일어날 거예요. 그건 정말이지, 당신들만이 받을 수 있는 아주 특별하고 경이로운 선물이에요. 개미들도 아니고, 지네들도 아닙니다. 당신들만이 받을 수 있는 선물이에요."

"어떻게 그렇게 말씀하실 수 있죠? 선물을 이미 받았다니요! 우리는 무얼 받았다고 사인해 준 기억이 없어요."

털북숭이들이 의아해했습니다.

"경이로운 선물이랍니다, 애벌레 여러분. 여러분은 아름다운 날개를 가진 생물로 변화될 수 있어요. 훨훨 날아다닐 수 있지요. 당신들의 빛깔은 정말 눈이 부실 거예요. 당신을 바라보는 이들은 모두 당신들의 우아한 몸 동작에 감탄할 거예요. 원하기만 하면 숲의 어디든지 갈 수 있어요. 숲 위를 훨훨 날아다니는 거예요. 어디에나 먹을 것이 지천으로 깔려 있고, 아름다운 날개를 가진 다른 생물들도 만날 수 있어요."

날아다니는 애벌레라고? 애벌레들은 아무래도 상상이 가지 않았지요.

"믿을 수 없군요! 그 말이 진실이라면, 나에게 한 번 보여주시지요. 날아다니는 애벌레를 말이에요. 그런 애벌레가 있다면 보고 싶군요."

그러자 요정이 대답했습니다. "그건 아주 쉬워요. 높은 곳으로 올라가서 사방을 한 번 둘러보기만 하면 됩니다. 어디에나 다 있어요. 이 가지에서 저 가지로 날아다니며, 밝은 태양 아래에서 경이롭고도 풍요로운 삶을 살아가고 있지요."

"태양이라!" 애벌레들은 비명처럼 외치면서 말을 이었어요. "당신이 정녕 숲의 요정이시라면, 태양이 우리 애벌레들에게는 얼마나 뜨거운 것인지 잘 아시겠지요. 태양은 우리를 구워 버려요. 진짜로요. 아시다시피, 우리들의 터럭에는 좋지 않은 것이죠. 그러니 우린 컴컴한 데서 살아야 해요. 터럭이 다 타 버린다면, 우리 털북숭이 애벌레들에게는 그보다 더 재수 나쁜 일은 없을 거예요."

"날개를 지닌 생물로 변화된다면, 태양은 오히려 아름다움을 더해줄 거예요." 요정은 친절하려고 애쓰며, 말을 이었어요. "당신네들의 낡은 존재 방식은 극적으로 바뀌게 될 겁니다. 그러면 예전의 밑바닥 생활을 청산할 수 있어요. 날개 달린 생물이 되어 전혀 새로운 방식으로 공중을 날아오르게 되는 겁니다."

애벌레들은 잠시 생각에 잠기는 눈치였습니다. 한 애벌레가 나서서 말했습니다. 그 애벌레는 애벌레들의 대장이었습니다.

"싫어요, 우리는 그렇게 할 수 없어요. 아시다시피, 우리는 먹어야 하니까요. 여기에서도 할 일이 잔뜩 있는데, 따가운 햇살 속으로 나가 높은 고지대로 간다는 건 얼간이들이나 할 짓이죠. 얼마나 위험한 일입니까!

당신이 정녕 숲의 요정이시라면, 아실 텐데요. 우리 애벌레들의 눈의 초점은 아래로 향해 있지, 위로 향해 있진 않다는 것을요. 위대하신 지구 여신은 우리가 음식을 찾아낼 수 있도록 눈의 초점을 아래로 향하도록 해 주셨어요. 애벌레라면 삼척동자도 이 사실을 다 알고 있어요. 당신은 지금, 정말 애벌레답지 못한 짓을 요구하고 있는 거예요."

애벌레들은 잠시 침묵에 빠졌습니다. 이윽고 아까의 그 대장 애벌레가 나서서 물었습니다. "그런데 어떻게 하면 날아다니는 생물이 될 수 있는 거죠?"

숲의 요정은 '변태'라 불리는 과정에 대해 설명해 주었습니다. 애벌레들이란 원래 변신을 하지 않으면 안 되도록 운명을 타고났다고도 이야기해 주었습니다. 그것은 거스를 수 없는 것이라고도 했습니다. 그러면서, 타고난 재주를 이용하여 고치 속에서 어떻게 날개 달린 생물로 변화될 수 있는지에 대해서도 설명해 주었습니다. 그런 변신을 하기 위해서는 한 번의 희생을 치러야 하고, 고치 속에서 그윽한 어둠의 시간을 보내며 졸업식에 대비해야 한다고. 아름답고도 색색의 날개 달린 생물로 변화하기 위해서는 그런 과정을 거치지 않으면 안 되노라고.

애벌레들은 잠자코 듣고 있었습니다. 여기저기서 우적우적 갉아먹는 소리만 났습니다. 대장 애벌레는 참지 못하고 외쳤습니다. "제발 좀 곧이곧대로 말해 줘요. 듣도 보도 못한 생물학적인 사건이 일어나기를 염원하며 가만히 누워 있기만 하란 말인가요? 우리 애벌레들 모두가 말이에요. 그러면 뭔가 새로운 물질이 나와서 우리 몸 전체를 가두게 되고, 그렇게 어둠 속에서 몇 달을 지내야 한다고요? 우리가 우리를 위해서 이런 일을 해야 한다는 겁니까? 우리 스스로 그런 일을 하지 않으면 안 된다고요? 내 생각에, 우린 지금도 충분히 잘 살고 있는데요!"

"그래요. 맞았어요. 하지만 당신은 새로운 숲의 에너지 속에서 당신 스스로 변화될 수 있는 힘 또한 갖고 있어요. 당신의 나뭇잎 위에 그냥 앉아 있는 것만으로도, 당신의 육체는 그 모든 것을 행할 준비를 다 갖추고 있는 셈이에요."

"하늘에서 내려주는 식량이 다 떨어지고, 물도 없고, 사방이 다 벽으로 가로막힌 상태에서 어떻게 여러 날을 지내죠? 그 기간엔 무슨 일이 일어나는 거죠? 내가 어리석은 놈은 아니란 걸 당신도 아시겠죠. 난 몸집이 큰 털북숭이이지만, 겨우 이 근처를 어슬렁댔을 뿐이죠. 지구 여신은 항상 큰일을 하시지만, 우리가 당신에게 얻을 수 있는 교훈이 있다면 겨우 이런 것일 뿐이에요. 당신이 요구한 대로 따른다면, 우린 모두 굶어죽게 된다는 것! 애벌레라면 삼척동자라도 다 알 거예요. 살아남기 위해서는 언제 어느 때고 먹지 않으면 안 된다는 것을요. 당신의 그 새로운 혁명이란 것은, 내가 보기엔 매우 의심스럽군요."

대장 애벌레는 잠시 생각에 잠기더니, 마침내 숲의 정령을 향해 외쳤습니다. "꺼져요!"

그러고는 몸을 돌려 새로운 먹이감이 있는 곳으로 발길을 옮기는 것이었어요. 숲의 요정은 애벌레가 요청한 대로 조용히 그 자리를 떠났습니다. 멀리서 애벌레가 혼자 중얼거리는 소리가 들려왔어요.

"날아다니는 애벌레라구? 내 발은 어떡해?!"

우적우적.

이튿날, 대장 애벌레는 포고문을 발표하여 부하들을 소집했습니다. 모두가 숨죽인 채로 위대한 털북숭이의 말에 귀를 기울였지요.

"숲의 요정은 요정이 아니라 악마다!" 대장 애벌레는 부하들을 향해 선언했습니다. "그자는 우리를 속여넘겨 어두컴컴한 곳에다가 가두려고 한다. 거기 갇히게 되면 우린 죽고 말 것이다. 우리 자신의 몸뚱이에는 우리들을 날아다니는 애벌레로 변신시킬 능력이 있다고 하면서, 그걸 우리 모두가 믿길 바라는 눈치이지만, 생각해 보라, 몇 달 동안이나 먹지 않고 지낸다면 어떻게 되겠는가?"

한동안 시끌벅적한 웃음소리가 계속되었습니다.

"상식과 역사에 대한 지식은, 위대한 지구 여신이 항상 어떠한 방식으로 일하는지를 보여준다. 그대들을 어두운 곳으로 이끌어 간다면, 그자는 결코 선한 영혼일 리 없다! 혼자서 신이 하는 것과 같은 일을 하라고 요청한다면, 그자는 결코 선한 영혼일 리 없다! 이 모두는 사악한 숲의 정령의 속임수임이 분명하다."

애벌레는 기고만장해져서 목청을 높였습니다. "나는 악마를 만났지만, 그 정체를 알아내고야 만 것이다!"

다른 애벌레들은 모두 그 말에 동의한다는 표시로 몸을 마구 흔들어댔습니다. 몸짓이 더 작은 털북숭이 애벌레들은 둥글게 원을 그리고 서서는, 자신들을 죽음에서 구해 낸 위대한 애벌레를 무등 태우며 찬사의 고함을 소리소리 질러 댔습니다.

애벌레들의 축제를 뒤로 한 채, 위로 위로 올라가 봅시다. 애벌레들이 떠들어대는 소리가 더 이상 들리지 않게 되면, 날개를 가진 존재들의 장엄한 모습을 볼 수 있게 됩니다. 소위 '나비'라 불리는 '날아다니는 애벌레들'이 색색의 날개를 뽐내며, 밝은 햇살 속에서 이 나무에서 저 나무로 아름다운 비행을 합니다. 나비들은 저마다 찬란한 무지갯빛으로 치장하고 있습니다. 한때, 몸집이 큰 털북숭이의 친구였던 나비들도 있습니다. 그들은 모두 미소를 가득 머금고 있습니다. 무엇 하나 부족함이 없이 모두가 풍요로운 삶을 누리고 있습니다. 그 모든 것은, 애벌들에게 이미 주어진 위대한 선물 덕분입니다. 그것 때문에 이런 변신을 하게 된 것입니다.

위의 이야기는, 고차원의 영적 존재와 교신을 주고받는다는 미국의 작가 리 캐롤(Lee Carroll)이 장차 다가올 지구의 대격변을 앞두고 지구인들이 가져야 마음자세를 비유적으로 제시한 우화입니다.

지구문명에 대전환이 임박했다는 이야기는 동서양이 공통적입니다. 동양에서는 어두운 선천세계가 끝나고 후천의 밝은 문명세계가 돌아온다고 하고, 서양에서는 지구가 광자대에 들어서게 되고, 거대한 빛의 덩어리인 광자대는 인간의 DNA 구조와 차크라 체계를 완전히 바꿔놓아 그로 인해 인간이 완전의식을 되찾게 된다고 합니다. 완전의식이란 판단이나 원초적인 감정들을 초월하여 훨씬 더 정교하게 감정을 조율하고, 내가 진정 누구인지 선연하게 인식할 수 있는 상태를 말합니다.

지구인들은 확실히 대변혁을 앞두고 있는 것이 사실인 것 같지만, 그 씨앗은 바로 우리 안에 이미 뿌려져 있습니다.

벚나무는 자기 스스로 자기 안에 있는 것을 가동시켜 벚꽃을 피웁니다. 봄이 되기 전에는, 벚나무의 어디에도 장차 그토록 화려하게 벚꽃을 피울 수 있을지, 기미를 찾아볼 수가 없습니다. 한 마리 털북숭이 애벌레 속에 장차 화려한 나비가 될 만한 기미를 찾아볼 수 없는 것처럼.

우리 모두에게는 장차 위대한 "무엇"이 될 씨앗이, 심어져 있습니다. 벚나무나 털북숭이 애벌레와는 달리 그 "무엇"이 무엇인지는 우리 스스로 찾아내야 한다는 점이 그들과 다를 뿐.

벚나무의 가지를 부려뜨려 보아도 그 속엔 벚꽃이 없다. 그러나 보라, 봄이 되면 얼마나 많은 벚꽃이 피는가.

—이큐 선사

오늘 나의 하루는 이렇게 감사로 물들었습니다.

■

■

■

100

하루의 날개를 접으며

이제 태양은 서쪽에 사는 사람들을 비추러 가고
이곳에는 어둠이 덮였다. 오늘 하루도 끝나 갑니다.
나로서는 최선이라고 생각하는 바를 행했으므로
후회가 없습니다.
잘한 일이든 못한 일이든 오늘 하루의 일들은
편안한 휴식과 달콤한 잠을 통하여
우주의 대생명력이 깃든 더 큰 나 속에 용해되어
내일이면 새로운 나로 다시 태어나는 데에
자양분으로 쓰여질 것입니다.

오늘 하루 최선을 다한 나에게 감사합니다.
이렇게 한 순간도 쉬지 않고
몸뚱아리를 움직거리면서
생명의 호흡을 하게 하시는
보이지 않는 분에게 감사드립니다.

오늘 하루 동안 겪었던 좋았던 일뿐만 아니라

마음 아팠던 일이나 견디기 어려웠던 일에 대해서도
감사합니다. 언뜻 보기에는 겪지 않았으면 오히려
좋았을 것 같은 일도 이 인생을 주관하시는 분이 보시기에는
나의 영혼을 성장시키는 데에 꼭 필요한 일이었을 것입니다.
내가 아무리 피하고 싶은 일이라도 거기에는
금싸라기와도 바꿀 수 없는 소중한 교훈이
감추어져 있을 것이기에
무슨 일이든 가리지 않고 감사하게 여기면서
나의 길을 갈 것입니다.

이제 오늘 하루 동안 나에게 일어난 기쁨과 슬픔을
위대한 사랑의 큰 손에 맡기고
그분의 품안에서 편안한 휴식을 취하려 합니다.
오늘 만난 모든 사람들에게 감사하고,
나에게 아픔을 주었던 사람들을 용서합니다.
그 누구보다도 나 자신을 용서하고,
만나는 모든 이들에게 사랑의 빛을 보냅니다.
내일은 아마 오늘보다 훨씬 나을 것입니다.

내일에는 내일 할 일이 주어질 것입니다.
수많은 철새들로 하여금 제 갈 길을 가게 하고
지구로 하여금 어김없이 태양을 돌게 하는
바로 그 힘이

오늘도 내일도 나와 함께 할 것입니다.
어디에서 무엇을 하든
나는 결코 길을 잃는 법이 없을 것입니다.
무한한 대생명력이
나를 그 사랑으로 감싸줄 것이기에.

온전하고 완전한 고요에 이를 때,
우리는 비로소 자기 자신을 만날 수 있다.
—우파니샤드

백일 감사 오늘 나의 하루는 이렇게 감사로 물들었습니다.

■

■

■

감사,
축복의 대문을 열어주는 놀라운 긍정의 힘

감사하는 마음은
부드럽지만 놀라운 힘을 감추고 있는
긍정의 힘입니다.

나에게 일어나는 좋은 일에 대해서만이 아니라
나를 자극하고 단련시켜 주어
내 삶의 질을 업그레이드시켜 줄 것이 분명한
궂은일에 대해서까지도 감사할 수 있을 때,
너무나 당연하게 느껴지곤 했던
햇빛과 바람과 비와 공기에 대해서까지도
감사할 수 있을 때,
가족과 이웃과 나라와 자연과 섭리에 대해
구석구석 시시때때로
감사에 젖어 살게 될 때,
건강한 식물의 잎사귀들이 반짝반짝
윤을 내듯이

우리네 삶은

풍요와 행복을 자가발전할 수 있게 될 것입니다.

그 사람이 얼마나 행복한가는

감사의 깊이에 달려 있다.

—존 밀러

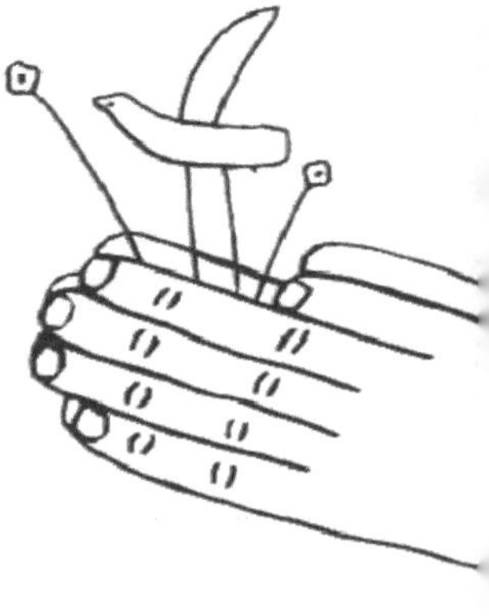